ESPAÑA A TU ALCANCE

This series includes:

España a tu alcance
Spanish skills for intermediate students

España a tu alcance
User Guide and Cassette Pack

Así somos los españoles
Spanish skills for advanced students

Así somos los españoles
User Guide and Cassette Pack

ESPAÑA A TU ALCANCE

Spanish skills for intermediate students

Michael Truman
Concha Pérez Valle
Peter Furnborough

London and New York

First published 1998
by Routledge
11 New Fetter Lane, London EC4P 4EE

Simultaneously published in the USA and Canada
by Routledge
29 West 35th Street, New York, NY 10001

Typeset in Palatino and Univers by Keystroke, Jacaranda Lodge, Wolverhampton

Printed and bound in Great Britain by T. J. International Ltd, Padstow, Cornwall

British Library Cataloguing in Publication Data
A catalogue record for this book is available from the British Library

Library of Congress Cataloguing in Publication Data

Furnborough, Peter
    España a tu alcance : Spanish skills for intermediate students /
Peter Furnborough, Concha Pérez Valle, and Michael Truman.
        1. Spanish language—Textbooks for foreign speakers—English.
I. Pérez Valle, Concha. II. Truman, Michael.
III. Title.
PC4129.E5F87 1997
468.2'421—dc21   96-45310

ISBN 0-415-16372-2 (student book)
        0-415-16375-9 (user guide and cassette)

CONTENTS

Part A Vivir en España

Part B Estudiar en España

Part C Trabajar en España

ACKNOWLEDGEMENTS

The authors of this book would like to express their thanks to the following:

- **Interviewees** who shared their experience and ideas with us: Ramón Molina Puertas, Janine Kiely, Víctor del Rey Salgado, Ignacio Padilla, Angeles Arnedo, Isabel Méndez, Loli Sánchez and Teresa Canfrán Gil.

- **Interviewers** who conducted the discussions with them: Lucy Vallejo, Encarna Rodríguez and Mª Mercedes Foreman. (Some of the interviews were also conducted by Concha Pérez Valle.) The introductions to each unit were recorded by Anna Lecha Areny.

- All teachers and students who **piloted** earlier versions of the materials, and whose feedback and suggestions were instrumental in shaping the final form of the book.

We would like to thank the following for permission to use material used in developing some of the tasks in the book:

El País: "Codos cum laude", 7.4.94, La Voz de Galicia: "Becarios de la Unión Europea amplían estudios de Comercio", 2.3.95, Taller de Editores S.A. (*Suplemento Semanal*): El peligro marino, 27.6.93, Cámara Oficial de Comercio e Industria de Madrid (Comercio e Industria): Hay que defender más la zona Centro, July 1995, Segunda mano S.A: *Segunda Mano* edition 14.1.94, Unión de Consumidores de España: Compra, venta y arrendamiento de viviendas (undated), Tres S.L.: *Las oposiciones*, April 1992, Cetesa (Grupo Telefónica): Páginas Amarillas (Málaga Provincia y Melilla), Laboratorios Normon SA: information for users of DERATIN, Editorial Espasa-Calpe S.A. and Real Academia Española: *Diccionario de la Lengua Española de la Real Academia Española*.

Photos used in Unit 3 by courtesy of Toby Brown, Janine Longman, Fiona Martin, Shaun McCole, Janette McDowell, Alison Woodhall.

Thanks also to Bryan Rudd and Mike Bryan for technical advice on recording and editing the audio tapes, to Peter McGaffin for the graphics associated with some of the tasks, and to Simon Bell, Sarah Foulkes, Barbara Duke and Claire Trocmé of Routledge for their support for this project and practical suggestions.

INTRODUCTION

Who is *España a tu alcance* intended for?

España a tu alcance is for people who are intending to *live, study* or *work* for a period in Spain.

What is *España a tu alcance*?

España a tu alcance is a cassette-based series of activities to help you to develop your Spanish. It is designed for use either on your own with some support or as part of a taught programme.

The course comprises:

- this Study Book

- a User Guide and cassette pack

This *Study Book* contains a series of tasks (**prácticas**) for students to work on in conjunction with the material on the cassette.

The *User Guide* is intended for tutors or independent learners to assist them in planning their use of the study materials.

The *cassette* contains a set of recorded interviews with Spaniards on various topics which will be of interest to someone planning to spend some time living, studying or working in Spain.

How do I use *España a tu alcance*?

Together with the cassette you will need to use this Study Book, which gives step-by-step explanations and exercises. The Study Book helps you to check your own work and see the progress that you have made; there is also a transcript of all the material on the cassette in the User Guide.

From time to time you will need to consult your tutor or a native speaker. Whilst you can do many of the exercises on your own, you may prefer to do some of them either with your tutor or with other students. We suggest in this book when you should work with a partner or in a group, and when you may need to consult your tutor (or native speaker). There are symbols for this purpose which are explained at the end of this Introduction.

How much Spanish do I need?

These activities assume that you have already learned Spanish to an *intermediate level* – by that we mean probably GCSE in England or Wales, Scottish Standard Grade, Irish Intermediate Certificate or their equivalents. However, you do not need to have passed any examinations to be able to use the material.

What do I need to know before I start?

Before you start on these exercises you need to know a little more about the way in which the units are organized.

Each unit starts with a short *introduction*. Do read it before you start – it explains the purpose of the unit and what you will be able to do once you have finished it.

You also get some background information on the unit (**Información**) in Spanish: this will help you to get started.

You will then work through a series of exercises (**Prácticas**). Once again, the instructions are always in Spanish, and you are told how you can check your answers. (Many of the answers are given in the **Clave** at the end of the book.)

Each unit ends with a short *summary* of what you have learned.

The User Guide also has a complete *transcript* of the interview on the cassette. You may find it useful to read through this in order to reinforce vocabulary or grammar points, but only after you have completed or attempted all the **prácticas**.

At the beginning of each task you will find one or more symbols which will tell you at a glance what *equipment or resources* you will need.

At the end you will see another symbol which will tell you how to *check your answers*.

The heading also explains what *skills* you are practising in that exercise, and the broader learning purpose behind some of the **prácticas**.

Here is a list of the *symbols* used in this book:

Equipment or resources needed

- ⊛ cassette recorder
- 📖 dictionary
- ☺☺ partner to work with

Methods of checking your answers

- ☑ answers will be found in the **Clave** at the end of the Study Book
- ↑ check your answers with your tutor
- ☺ compare your answers with those of another student

Other purposes of exercises

- ✓ assessing for yourself skills you have developed
- ⚑ developing additional learning strategies
- ☯ increasing your awareness of the cultural context

Other symbols used

- ! **¡Ojo!** extra care needed
- 👍 Well done! You have now completed the main part of the unit and can check what you have learned.

How do I decide how much I have learned?

Each unit contains **prácticas** designed to help you to assess for yourself or with your tutor the language skills you have developed in that unit. These are indicated with the symbol ✓. They follow the *National Language Standards* established by the Languages Lead Body and can if you wish lead to accreditation at Level 2, and enable you to start working towards Level 3.

Getting started

Before you start, you need to know a little more about the contents of the book.
   España a tu alcance is divided into three parts:

Part A	**Vivir en España**	Units 1 to 3
Part B	**Estudiar en España**	Units 4 to 6
Part C	**Trabajar en España**	Unit 7

We advise you to tackle all the units in **Vivir en España** (Part A) first; you may then choose with your tutor appropriate units from the other two parts.
   Now you are ready to start!
   ¡Mucha suerte!

PART A
VIVIR EN ESPAÑA

¿DÓNDE VIVIR?
Alojamiento

When you study or work in Spain, the first thing you will have to do is to find accommodation. This unit will introduce you to different ways of finding accommodation, help you to understand some of the standard terms and abbreviations you will find in advertisements, and give you opportunities to practise language associated with finding a flat.

This unit will give you practice in

(i)   finding out about options and choices

(ii)   understanding and following practical suggestions

(iii)   explaining your precise requirements

(iv)   understanding terms and conditions

Información

Vas a pasar una temporada en España, así que tendrás que buscar alojamiento. Muchos estudiantes españoles, si pueden, cursan estudios en la ciudad donde nacieron y siguen viviendo con sus padres. En esta unidad, sin embargo, conocerás a dos estudiantes – Janine y Ramón – que estudian en Madrid, aunque no son de esta ciudad. Tienen, por lo tanto, experiencia personal de los problemas de buscar alojamiento en una ciudad española.

En la conversación entre ellos y Lucy, la entrevistadora, oirás cómo los dos encontraron soluciones distintas a este problema. En este momento están estudiando en Gran Bretaña, pero hablan de la temporada que pasaron en España, del alojamiento que encontraron ellos, y de lo que hacen los estudiantes españoles para encontrarlo.

Práctica 1 Orientación

Comprobar lo que ya sabes del tema

Siguen varios comentarios.
Estúdialos, y decide si son verdaderos (V) o falsos (F). Apunta tus ideas.

(a)   Los estudiantes españoles no reciben becas para cubrir los gastos de alojamiento.

(b)   La universidad se encarga de buscarles alojamiento a sus estudiantes.

(c)   La universidad tiene residencias universitarias.

(d)   Se ofrece alojamiento a los estudiantes a precios especiales.

(e)   Los estudiantes españoles tienen que vivir en residencias universitarias.

(f)   Es fácil encontrar alojamiento en las ciudades españolas.

Ahora escucha toda la conversación y comprueba tus respuestas.

☑ *Si no estás seguro/a, mira la Clave.*

Práctica 2 Comprensión

A Entender el contenido

Sección A

Janine y Ramón hablan de donde viven cuando estudian en España.
    Identifica el lugar donde cada uno vive, según la información que dan.

! *Para la cinta en cuanto tengas la información que necesitas.*

Ramón: en un piso

             en un colegio mayor

             con sus padres

Janine: en un piso

             en un colegio mayor

             con sus padres

☑ *Clave*

B Explicar términos

Vuelve a escuchar lo que dice Ramón sobre el alojamiento que encontró en España.

    ¿Explica la expresión "colegio mayor"?

Intenta adivinar la expresión equivalente en tu propio idioma.

Si no estás seguro/a, escucha de nuevo la respuesta de Janine, en la que utiliza una palabra en español que se parece mucho a la palabra inglesa.

☑ *Clave*

C Utilizar información

Estás estudiando en la universidad, pero vas a pasar un semestre en una universidad española.

    ¿Podrías tú vivir en un colegio mayor?

☑ *Clave*

D Expresar obligaciones y condiciones

Ramón explica también los dos requisitos para vivir en un colegio mayor. Escucha de nuevo la *Sección A* de la conversación.

Apunta las expresiones que utiliza Ramón en lugar de las de nuestra lista. Utiliza sus palabras exactas.

tienes que   hay que

pasar un año entero   tener nacionalidad española

☑ *Clave*

Práctica 3 Comprensión

A Entender el vocabulario

 Sección A

Ramón utiliza la palabra *"idóneo"*.

De momento no busques la palabra en el diccionario. Intenta adivinar su significado y seleccionar la expresión que corresponde al sentido de la frase en la que Ramón utiliza la palabra "idóneo".

le apetece buscar un piso con sus compañeros...

lo que más le conviene es buscar un piso con sus compañeros...

para él lo más difícil es buscar un piso con sus compañeros...

lo que más le gusta es buscar un piso con sus compañeros...

☑ *Clave*

B Comprobar el sentido de una palabra

¿Qué significa "idóneo" en el contexto en el que Ramón utiliza la palabra?

(i)   Estudia las palabras siguientes y señala la que – en tu opinión – signifique "idóneo".

difícil   **barato**   **rápido**   **divertido**   **apropiado**

(ii)   Ahora comprueba tu respuesta en un diccionario monolingüe.

☑ *Clave*

Práctica 4 Comprensión

A Identificar los temas de la conversación

 Sección B

Janine habla de los métodos de buscar piso en Madrid.
  Decide cuáles son los métodos posibles, según Janine.

buscar en los periódicos

ir a una agencia inmobiliaria

ver los anuncios que la gente pone en la universidad

ir al TIVE, que es un instituto de la juventud

B Entender expresiones y siglas

Janine menciona el TIVE, y explica lo que es. Sin embargo no explica lo que representan las siglas.
  Si hace falta, escucha de nuevo este fragmento de la conversación e intenta completar la explicación que encontrarás a continuación, seleccionando la palabra que te parezca más adecuada según la información que da Janine.

¿"TIVE" significa Transporte Internacional para Viajes…

de España?

del Extranjero?

de Estudiantes?

de Empresas?

 Clave

C Identificar datos concretos

 Graba tus respuestas a las preguntas que siguen.
Así te resultará más fácil consultar después a tu profesor/a.

¿Cómo se llama el periódico madrileño en el que se anuncian pisos?

¿Qué días sale este periódico?

¿Dónde hace cola la gente?

¿A qué hora hace cola?

¿A qué hora empieza la gente a llamar a las casas?

Normalmente, ¿cuánto tiempo tarda Janine en buscar piso?

 ¿Qué tipo de alojamiento se anuncia normalmente en el TIVE?

Práctica 5 Lectura

A Entender la terminología

En la página 12 verás algunos ejemplos de anuncios del periódico *Segunda Mano*.
Estúdialos, y verás una serie de abreviaturas. Busca la abreviatura correspondiente a
cada una de las palabras siguientes y apúntala.

(a) apartamento

(b) dormitorio

(c) calle

(d) teléfono

(e) servicio / cuarto de baño

(f) cerca de la estación de ferrocarril y la parada de autobús

(g) calefacción central

(h) incluidos

(i) interior

(j) exterior

(k) portero físico

(l) calefacción independiente

(m) habitación

 Clave

B Definiciones

¿Cuáles son los términos utilizados en los anuncios que corresponden a estas definiciones?

1   Piso que se alquila con algunos, pero no todos los muebles que le corresponden

2   Importe que el inquilino paga mensualmente a la Comunidad de Vecinos del edificio y que cubre, entre otras cosas, la limpieza e iluminación de los pasillos y escaleras

3   Apartamento muy pequeño, generalmente con la cocina y el salón unidos

4   Palabra que se utiliza para explicar que el piso sólo se alquila a personas con trabajo asalariado

5   Expresión que significa que la mensualidad que paga el inquilino incluye no sólo el alquiler, sino también la calefacción, la luz etc.

6   Importe que equivale normalmente al alquiler mensual y que el inquilino tiene que pagar al propietario del piso antes de ocuparlo. El propietario retiene este importe y lo devuelve al inquilino al final del contrato si éste deja el piso en buenas condiciones. Si no, el propietario tiene derecho a retener permanentemente una proporción del importe para pagar las reparaciones que sean necesarias...

7   Documento emitido por el banco del inquilino y que garantiza que el inquilino tiene fondos suficientes para pagar el alquiler

8   Palabra(s) que se utiliza(n) para explicar que el piso sólo se alquilará a personas con medios económicos suficientes para pagar el alquiler

9   Puerta blindada

200 páginas/Inmobiliaria/Motor/Tiempo libre/Relaciones personales

incluye suplemento Trabajo

Empresa Servicios Profesionales

segundamano

N 1288 ◆ 14 DE ENERO 1994 ◆ VIERNES ◆ 225 PTS.

CARMEN, El. Apto. dorm, salón, cocina, wc, semiamueblado, ext, ascensor, 60.000 pts. Tel. 4043790

CASTELLANA. Estudio ext, wc, amueblado, cocina americana, agua y c/c, a estrenar. 60.000 pts. Tel. 7660050

CASTILLA Pza. Estudio amueblado, soleado, cocina americana, wc completo, 60.000 pts. Nómina. Tel. 7345606

CENTRO, C/ Encomienda. Apto. un dorm, luminoso, semiamueblado, finca rehabilitada, 3º, 55.000 pts. gastos incluidos. Tel. 5418523

CENTRO, zona. C/ Pelayo. Apto. int, 50.000 ptas. Tel. 3100788

CERCEDILLA, urb Peña Blanca. Piso 3 dorm, 2 terrazas, amueblado, c/i por gas, piscina, tenis y zonas ajardinadas. 60.000 pts/mes. Tel. 5766060 Tel. 8520539

CHAMBERI, zona. Piso-apto. amueblado, dorm. 50.000 pts. Tel. 4486928

- CHAMBERI. 2 dormitorios, amueblado, reformado. 60.000 pts. Abstenerse agencias. Tel. 5230271

CHAMBERI. Estudio amueblado, ext, mucha luz, c/c, 58.000 ptas. Tel. 5418597

CIUDAD de los Angeles. Piso ext, amueblado. 60.000 pts. Nómina. No agencias. Tel. 3178923

COLLADO Mediano, zona. Piso 3 dorm, comedor, wc, cocina, c/i, 55.000 ptas. Sin comunidad. Tel. 8598887

COLLADO Mediano. Piso en centro del pueblo, vacío, 2 dorm, salón, cocina, wc. 50.000 ptas. Todo el año. Tel. 8598187

CUATRO Caminos. Piso amueblado, 2 dorm, 60.000 pts. Tel. 5083894 Tel. 4596495

DELICIAS Pº. Frente metro. Apto. amueblado, 3º ext, 35 m2, salón, dorm, cocina indep, ducha, calefacción eléctrica. 60.000 ptas. Tardes. Tel. 3028717 Tel. 8508623

DIEGO de León. Piso vacío, dorm, 4º int. 56.000 ptas. Tel. 5444891

DOCTOR Esquerdo, metro Pacífico. Pequeño estudio ext, wc completo, ascensor, port físico, 55.000 ptas. Imprescindible nómina o aval bancario. Tel. 7734607

PARLA. Piso vacío, nuevo, 3 dorm, salón-comedor, 2 wc, cocina, a/e, 2 terrazas, calefacción, ascensor, puerta acorazada. 60.000 pts. Nómina. Fianza 1 mes. Tel. 3679387

RETIRO, cerca. Mini-estudio, c/c y agua, TV. Para 1 persona. 55.000 ptas, gastos incl. Tel. 5518459

SAGASTA. Estudio vacío, dorm, cocina, wc, int. mucha luz, sin calefacción, ascensor. Para 1 persona. 60.000 pts. Imprescindible solvencia. Tel. 5396454 Tel. 4354626

Segundamano, 14.1.94

CALLAO (zona). Señorita comparte piso con señoritas, de lujo, calefacción, TV, cocina completa. 20.000 pts. Tel. 5428100

CALLAO - Noviciado. Hab en casa particular, para dormir. Para srta o caballero con nómina. Tel. 5323935

- CALLAO Plaza. Habitaciones para señoritas, con derecho: cocina y baño. Individual, 25.000 ptas. Compartida para 2 señoritas, 19.000 ptas. Todo nuevo. Gastos incluidos. Tel. 5214015

CALLAO zona. Hab compartida para chico, 23.000 ptas. Tel. 5428456

CALLAO, Gran Vía. En casa particular, seria y tranquila, hab doble, para vigilante jurado, funcionario o similar, 20.000 pts. persona. Limpieza diaria, tel, agua caliente y c/c. Tel. 5315315

CALLAO, zona. Hab indv (2) para jóvenes solventes y responsables, en piso ambiente familiar, respetable. Preferible no fumadores. Tel. 5317096

CALLAO. Hab compartida, para señorita, derecho a cocina, ducha, TV, lavadora, agua caliente y c/c, tel. 20.000 ptas. Tel. 4741979

CALLAO. Hab confortable, lavado ropa, pensión completa o sólo dormir. Tel. 5590683

CALLAO. Hab en piso con señoritas, TV, calefacción, todos los servicios. 24.000 ptas. Noches. Tel. 5423418

CALLAO. Hab indiv con llave, frigorífico, tv y utensilios de cocina privados, derecho a cocina, lavadora, microondas, wc nuevo, ambiente tranquilo y limpio. Gente estable. 38.000 pts. incluidos gastos. Tel. 7738049

CALLAO. Hab para chicos, wc privado. Tel. 5230255

- CALLAO. Habitación compartida para caballeros, con derecho a cocina, lavado de ropa y ducha. 23.000. Tel. 5226553

- CALLAO. Habitación compartida. Lavadora, calefacción, teléfono, TV, ropa cama. Reformado. Buen ambiente. Sólo señoritas. Desde 24.500 ptas. Tel. 5596149

Clave

o

si no estás seguro/a.

Práctica 6 Expresión oral

Utilizar anuncios clasificados

con un/a compañero/a

Estás trabajando en una agencia que ayuda a la gente a buscar alojamiento. Los clientes de la agencia tienen que rellenar una ficha con sus datos personales y preferencias.

Estudia las fichas y busca en los anuncios clasificados que siguen el alojamiento adecuado para cada cliente.

Explica al cliente lo que has escogido, y por qué.

FICHA No. 001

Nombre:	Enrique
Apellidos:	Hernández Ochoa
Edad:	23 años
Profesión:	Estudiante de Derecho

Observaciones / Preferencias:
Dos amigos y yo buscamos piso en Alcalá de Henares. No tenemos problemas económicos, porque nuestros padres nos han dicho que pagarán el alquiler. Estamos dispuestos a pagar hasta 20.000 pts. mensuales cada uno.

FICHA No. 002

Nombre:	Alicia
Apellidos:	Velasco Ortiz
Edad:	45 años
Profesión:	Secretaria de dirección

Observaciones / Preferencias:
Busco un piso en Madrid, si es posible en la zona en la que trabajo – Aluche. El precio no tiene demasiada importancia porque gano un buen sueldo. Puedo proporcionar excelentes referencias.

FICHA No. 003

Nombre:	José
Apellidos:	Muñoz Perea (y esposa)
Edad:	26 años
Profesión:	Funcionarios del Ayuntamiento de Alcalá de Henares

Observaciones / Preferencias:
Recién casados, necesitamos un piso amueblado en Alcalá de Henares. No tenemos mucho dinero ahorrado, así que no podemos comprar lavadora, frigorífico etc. Nos interesa alquilar un piso con todos estos electrodomésticos. Tampoco podemos pagar una fianza. No obstante, nuestros ingresos nos permitirían pagar un alquiler de 45.000 a 50.000 ptas. mensuales.

FICHA No. 004

Nombre:	Miguel
Apellidos:	Rodríguez Gálvez
Edad:	19 años
Profesión:	Estudiante

Observaciones / Preferencias:
Soy de Badajoz y tengo que hacer un examen en Madrid. No sé exactamente cuánto tiempo voy a estar aquí, un mínimo de dos semanas, me imagino. Comeré todos los días en un restaurante universitario, así que no necesito habitación/piso con derecho a cocina. Prefiero una zona céntrica, y – por no saber exactamente la duración de mi estancia en Madrid – prefiero pagar un alquiler diario y no mensual.

ALCALA de Henares. Piso 5º ext, sin ascensor, 2 terrazas, cocina, electrodomésticos, amueblado, 3 hab, comedor, calefacción butano. Para jóvenes solteros, solventes. 60.000 ptas incl comunidad. Tel. 4079850

ALCALA de Henares. Piso nuevo, vacío, ext, c/i, 60.000 pts. Tel. 8809666

ALCALA. Apto. precioso, 50 m2, muebles rústicos, electrodomésticos, cocina americana, ideal parejas. 50.000 ptas. sin fianza. Formalidad. Preguntar por Juani. Tel. 6697982

ALCORCON, C/ La Espada. Piso 3º, 70 m2, 3 hab, reformado. 59.000 ptas. Nómina. Tel. 8121054

ALCORCON. Piso amueblado, 2 dorm, 60.000 ptas. Tel. 7777863

ALONSO Martinez, cerca. Apto. 50 m2. 60.000 ptas. Tel. 5535275

ALONSO Martínez. Estudio matrimonio, 50.000 ptas. Y para caballero 45.000 ptas. Gastos incluidos de agua, luz y comunidad. Tel. 3104413

ALOVERA urb. (Guadalajara), piso amueblado con piscina, 55.000 ptas exento de comunidad. Tel. 8891071 Tel. 8816679

ALUCHE. Piso a señora de mediana edad, seria y responsable. Tel. 7176128

ANTON Martín, C/ Santa María. Apto. 32 m2, semiamueblado, blindada, 60.000 pts. más 2.000 pts. comunidad. 2 meses fianza y aval. Tel. 5421022

ANTON Martín, apto. reformado, impecable, int, amueblado, 1 dorm, salita, cocina, electrodomésticos, aseo ducha, a/e. 58.000 pts. Tel. 4156404 Tel. 4463819

CENTRO. Hab indv, ext, (muebles nuevos, cable de TV, mesa de estudio, etc), en piso compartido con cocina y wc nuevos, 34.000 ptas más gastos. Fianza. Tel. 5414946

CENTRO. Hab para señorita que trabaje. Derecho a cocina. Económico. Tardes. Tel. 5185625

CENTRO. Hab. a chicos estudiantes. 1.000 y 1.200 ptas. diarias. Tel. 5215303

Segundamano, 14.1.94

Un consejo

Graba la práctica: así te resultará más fácil consultar después a tu profesor/a.

Práctica 7 Uso del lenguaje

Entender consejos

Sección C

Escucha los consejos que dan Janine y Ramón. Cambia las expresiones subrayadas en el texto que sigue por las que utilizan Janine y Ramón en la conversación.

1 Pues, <u>la mejor solución es encontrar</u> un alojamiento temporal.

 Pues, que…

2 Este alojamiento temporal <u>tendrá que ser</u> barato.

 Un alojamiento temporal que…

3 Y <u>no hay que esperar</u> encontrar algo en seguida…

 Y que…

4 <u>Tiene que darse cuenta</u> que quizás tarde mucho tiempo…

 Que…

5 Sí, <u>es necesario tener</u> paciencia…

 Sí, que…

☑ *Clave*

Práctica 8 Expresión oral

A Hacer una llamada telefónica

Para encontrar piso tendrás que ponerte en contacto con los propietarios. El teléfono es esencial, ya que estos primeros contactos se hacen normalmente llamando por teléfono.

Abajo tienes una serie de preguntas, expresiones y frases que suelen utilizarse en estas situaciones, pero no están en el orden correcto. Coloca las letras en el orden que te parezca oportuno.

! *Como verás abajo, en muchas ocasiones se puede expresar la misma idea de formas muy distintas.*

(a) ¿Quiere alquilar el piso?
 ¿Desearía ver el piso?
 ¿Quiere ver el piso?

(b) Sí, antes quisiera verlo. Así que necesito la dirección.

(c) Quisiera alquilar un piso y he leído su anuncio.
 Llamo por el anuncio del alquiler de un piso.
 Llamo en relación al anuncio del periódico sobre el alquiler de un piso.

(d) ¿Está bien comunicado?
 ¿Hay buen servicio de autobuses con la universidad?
 ¿Queda cerca del metro o del autobús?

(e) ¿Es usted el/la propietario/a?

(f) Dígame.

(g) Sí, soy yo.
 No, pero estoy encargado/a de su alquiler.

(h) ¿Dónde está? ¿En qué zona de la ciudad?
 ¿Está en el centro?
 ¿Está en las afueras?

(i) ¿El precio del alquiler incluye los gastos de agua, luz y gas?
     ¿Los gastos de comunidad son aparte o están incluidos en el precio del alquiler?

(j) La dirección es C/ Ridruejo n° 5.

(k) ¿Trabaja o estudia?
     ¿Qué hace usted?
     ¿A qué se dedica?
     ¿Cuál es su ocupación?

(l) ¿Hay que pagar fianza?
     ¿Cuánto es la fianza?
     ¿Cuándo se paga la fianza?

(m) ¿Se necesitan referencias?
     ¿Tiene referencias?

(n) Bien, esa hora me va bien.
     No, lo siento. ¿Podría ser a las seis? Tengo clase.
     Estoy ocupado/a a esa hora.

(o) El alquiler incluye los gastos de comunidad.
     Sí, la fianza se paga por adelantado con el alquiler del primer mes.

(p) ¿A quién espero?
     ¿Cómo se llama usted?
     ¿Su nombre, por favor?

(q) ¿Le gustaría ver el piso?
     ¿Quiere ver el piso?
     Bien, ¿cuándo podemos quedar para ver el piso?

(r) De acuerdo. Entonces le/la espero mañana en la dirección que le he dado antes para
     enseñarle el piso.

(s) ¿Qué le parece mañana a las once de la mañana?
     ¿Le parece bien esta tarde a las cuatro y media?

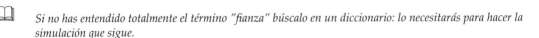

Si no has entendido totalmente el término "fianza" búscalo en un diccionario: lo necesitarás para hacer la simulación que sigue.

Clave   Otras respuestas también son posibles.

Si no estás seguro/a, consulta a tu profesor/a.

B Simulación: Dar y entender información

 Trabaja en pareja con otro/a estudiante.

Elegid uno de los anuncios que estudiasteis en la página 14.

Estudiante A

busca alojamiento

A llama por teléfono al dueño del piso y aclara toda la información práctica que necesita para saber si el piso es idóneo o no.

Estudiante B

es el propietario de un piso

B habla con la persona que se interesa por alquilar el piso y le proporciona toda la información que desee, ofreciéndole la posibilidad de visitar el piso.

Explica la necesidad de facilitar referencias y pagar una fianza con el primer alquiler mensual.

Trabajo a realizar:
A y B se citan para ver el piso.

! *Antes de hacer la llamada piensa en lo siguiente*

1 ¿Sabes deletrear tu nombre / apellido?

2 ¿Has apuntado en un papel la información que tienes que dar?

3 ¿Has pensado en la mejor forma de explicar lo que quieres decir?

4 ¿Has buscado en el diccionario las palabras que necesitarás?

5 ¿Cuál será una hora razonable para hacer la llamada?

Un consejo

 Graba la conversación: así te resultará más fácil consultar después a tu profesor/a.

Práctica 9   Expresión escrita

Escribir un anuncio

Janine menciona que muchos estudiantes buscan pisos para compartir a través de los tablones de anuncios de la Universidad.

Aquí tienes dos ejemplos típicos:

1   Busco chica para compartir piso amueblado lo antes posible en el barrio de Salamanca. 2 dormitorios, 2 cuartos de baño, salón, cocina, terraza, teléfono. 65.000 Ptas. mes (requisito imprescindible no fumar). Tel. 239 03 97/464 90 56

2   Santander. Buscamos 2 personas para compartir el piso. A un minuto de la línea de autobús directa Las Estaciones–Universidad, que funciona durante todo el curso. Suelo de madera nuevo, recién pintado. Imprescindible verlo. Pasar de 15 a 16 horas por Marqués de la Hermida, 9–2° C. (Esquina con Nicolás Salmerón, Santander).

Supongamos que tú y un amigo ya tenéis piso, pero queréis compartirlo con otro/a estudiante. Estas son las *características del piso*.

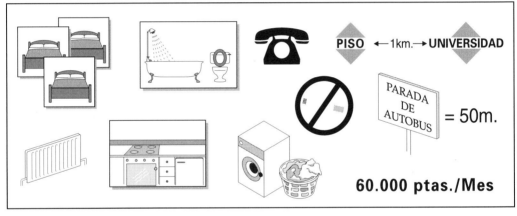

Utilizando esta información redacta un anuncio para el tablón de anuncios de la Universidad.

Ya casi has terminado la unidad sobre el *alojamiento en España*.

Antes de hacer la última práctica, vuelve a leer la *información* y los *objetivos* al comienzo de la unidad, para *comprobar* si has alcanzado estos objetivos.

La última práctica te ayudará a *ampliar* tus conocimientos de este tema.

Práctica 10 Lectura

A Entender las ideas clave

Si alquilas un piso probablemente tendrás que firmar un contrato de *arrendamiento*.
(Arrendamiento significa alquiler.)

El artículo que sigue tiene cuatro partes. Aquí tienes una lista de los puntos clave de las cuatro secciones, pero no están en el orden correcto.

Lee el artículo de forma rápida y numera los puntos en el orden correcto.

- la información que debe contener un contrato

- lo que hace válido un contrato

- información adicional que un contrato puede contener

- en qué consiste un contrato y dónde obtenerlo

! *No intentes entender todo lo que hay en el artículo.*

 Clave

El contrato de arrendamiento debe plasmarse por escrito, pues aunque también son válidos los verbales pueden ocasionar más problemas.

Los impresos para contratos de arrendamiento se compran en los estancos y consisten en un papel timbrado por duplicado, con una parte para el arrendador y otra para el arrendatario, cuyo precio varía en función de la renta acordada. No obstante, también es válido un contrato aunque no se utilicen los impresos referidos.

En dicho impreso se recogen los principales datos del contrato que nunca deben faltar:

- Fecha del contrato.
- Identificación de la finca, vivienda o local objeto del contrato.
- Identificación de las partes contratantes.
- Plazo de duración del contrato.
- Precio del arrendamiento.
- Forma de pago.
- Firma de las partes contratantes.

Sin embargo, en este impreso no figuran todas las condiciones que van a regir durante la vigencia del contrato, por lo que es preciso que éstas se hagan constar expresamente en unas cláusulas adicionales que, como el contrato en sí, deben ser firmadas y conservadas por ambas partes.

Compra, venta y arrendamiento de viviendas (Arrendamiento)
(Unión de Consumidores de España)

B Entender el contenido

(i) Lee otra vez la primera sección del texto (hasta "… más problemas") y decide cuál de las afirmaciones siguientes es verdadera.

- Son preferibles los contratos por escrito.

- Son preferibles los contratos que se hacen de palabra.

- Los contratos por escrito son un requisito legal.

(ii) Lee las siguientes afirmaciones y decide cuáles son verdaderas.

1   Se puede obtener un impreso para contrato

donde se compra tabaco

de un abogado

de un notario

2   Por el impreso pagas

5.000 Ptas.

nada

de acuerdo con el precio del alquiler

3   El contrato

lo guarda el arrendatario

lo guarda el dueño del piso

lo guardan ambos

(iii) Abajo tienes algunos de los datos que debe tener un contrato:

El contrato debe contener datos suficientes para

saber cómo es y dónde está el edificio, casa o piso

saber por cuánto tiempo se va a alquilar el edificio, casa o piso

identificar claramente al arrendatario y al arrendador

¿Qué otros datos faltan aquí? Relee el texto y anótalos.

(iv) El dueño del piso quiere que pagues un mes de alquiler por anticipado. También quiere que pagues el equivalente de un mes de alquiler como fianza.
¿Qué parte del impreso tendrá información de este tipo?

 Clave

Ahora sabrás explicar qué tipo de alojamiento buscas y entenderás la información que recibas.

Unidad 2

¿NO TE SIENTES BIEN?
Asistencia médica

In this unit you will find out how you can obtain medical treatment in Spain. Spanish proce-dures differ considerably from those of other countries, so it is important to understand them and to know what to do and say if you need different kinds of medical attention.

> This unit will give you practice in
>
> (i)   understanding instructions and advice
>
> (ii) explaining your needs clearly and establish-ing possible courses of action
>
> (iii) understanding and explaining procedures

Información

Vas a pasar una temporada en España, así que tienes que informarte sobre los servicios médicos en la ciudad donde vas a vivir. Te interesa saber:

- cómo puedes ponerte en contacto con un médico o un centro de salud
- lo que hay que hacer en casos de urgencia
- cómo se consiguen los medicamentos necesarios
- lo que hay que pagar por la asistencia médica y los medicamentos.

A continuación oirás una conversación entre Lucy (la entrevistadora) y dos estudiantes (Janine y Ramón) que te darán consejos sobre todas estas cuestiones.

Práctica 1   Orientación

A Formular preguntas

¿Qué preguntas harías tú para obtener información sobre la asistencia médica en España? (Los españoles utilizan mucho la expresión "asistencia médica" cuando hablan de la salud, los médicos, etc. En este contexto, la palabra "asistencia" significa "ayuda", ya que la expresión se refiere al conjunto de cuidados médicos prestados a los enfermos y a la organización de estos cuidados.)

Un consejo

Piensa primero en lo que necesitas saber, y haz una lista de los puntos más importantes.

Luego piensa en la pregunta adecuada para obtener la información, y apunta la pregunta al lado del punto correspondiente.

☺   *Compara tus preguntas con las de un/a compañero/a.*

B Reconocer preguntas

⊛   *toda la conversación*

↑ Coloca una equis (X) al lado de las preguntas que apuntaste antes y que correspondan más o menos a las que hace Lucy en la conversación.

Práctica 2 Comprensión

A Reconocer los temas de la conversación

⊛   *toda la conversación*

En la conversación se cubren los siguientes temas.
Numéralos en el orden en que salen en la conversación.

lo que hay que hacer en casos de urgencia

lo que hay que pagar por la asistencia médica en España

lo que tendrás que hacer cuando llegues a España

la documentación que los extranjeros tienen que llevar a España para obtener asistencia médica

cómo se busca un médico

cómo se concierta una cita con un médico.

☑   *Clave*

B Relacionar las preguntas con los temas

(i)   Escucha de nuevo la conversación entera y apunta cada una de las preguntas que hace Lucy al lado del tema correspondiente.

(ii)   ¿Sobra algún tema?

¿Cuál o cuáles?

☑   *Clave*

Práctica 3   Comprensión

Entender el contenido

 Secciones A y B

Siguen cuatro frases que significan lo mismo que las expresiones de Lucy, Janine y Ramón. Apunta las palabras exactas que utilizan ellos.

1	(Lucy)	¿Se pueden encontrar centros médicos en las universidades españolas?
2	(Janine)	En nuestro centro... no tenemos un centro médico.
3	(Janine)	Es posible encontrar un centro donde se puede acudir.
4	(Ramón)	En cada barrio hay lo que se denomina un ambulatorio.

☑ *Clave*

Práctica 4   Uso del lenguaje

Entender sugerencias y consejos

Secciones A y B

En estas secciones de la conversación se dan consejos sobre la asistencia médica. Observarás que hay varias formas de dar consejos.

Relaciona las frases de la primera columna con las de la segunda columna, de acuerdo con lo que se dice en la conversación. Apunta la letra correspondiente al lado de cada número.

a	Lo que hay que hacer inmediatamente es...		1	... algún tipo de inyección.
b	Lo que se debe hacer es...		2	... darse de alta con un médico de cabecera.
c	Dentro de la Seguridad Social en España es...		3	... buscar un médico de cabecera.
d	Si te tienes que poner...		4	... un paso que hay que dar.

! *darse de alta = inscribirse en...*

☑ *Clave*

Práctica 5 Uso del lenguaje

Señalar la secuencia de las ideas

Sección A

Para indicar la secuencia de sus ideas Lucy utiliza varias expresiones como, por ejemplo: "mi primera pregunta es… ".

Identifica la expresión que introduce cada uno de los distintos pasos. Anótalas y únelas a los pasos.

EXPRESIONES		PASOS	
1	Mi primera pregunta es…	a	ir al médico de cabecera.
2	Entonces…	b	¿hay centros médicos en las universidades españolas?
3	Entonces, lo primero que hay que hacer es…	c	lo que hay que hacer inmediatamente es ¿darse de alta con un médico de cabecera?

Clave

Práctica 6 Comprensión / Expresión oral y escrita

A Entender la terminología

Secciones A y B

La expresión "médico de cabecera" se utiliza mucho en la conversación.
Estudia las preguntas que siguen, y contesta sí o no.

a   ¿Se define la expresión "médico de cabecera"?

b   ¿Se explica la expresión "médico de cabecera"?

c   ¿Se explica lo que hacen los "médicos de cabecera"?

B Explicar la terminología

Según Ramón, ¿qué hacen exactamente los médicos de cabecera?
Menciona dos funciones que tienen.

Clave

C Hacer comparaciones

o con tu profesor/a

¿Hay médicos de cabecera en tu país? Si existen, ¿qué hacen?

¿Tienen las mismas funciones que los médicos de cabecera en España?

Un consejo

Graba tus respuestas: así te resultará más fácil consultar después a tu profesor/a.

Práctica 7 Comprensión / Expresión escrita

A Entender explicaciones

Sección B

(i) Decide si las observaciones que siguen son verdaderas (V) o falsas (F).

(ii) Corrige las que no correspondan a la información que se da en la conversación. Escribe tu versión corregida.

a En España cada barrio tiene un ambulatorio.

b En el ambulatorio normalmente hay un médico de cabecera.

c También hay especialistas en los ambulatorios.

d Si quieres, puedes ir directamente a ver a un especialista.

e Un ambulatorio es lo mismo que un centro de salud.

f Si necesitas una inyección, tienes que ir al hospital.

 Clave

B Dar explicaciones

Vuelve a mirar las respuestas que diste en el apartado A de esta práctica.

 Utilizando estas observaciones como punto de partida, escribe dos o tres frases para describir los ambulatorios o centros de salud en España.

Práctica 8 Comprensión

A Identificar la secuencia de las ideas

Sección B

Si hace falta, vuelve a escuchar la explicación que da Ramón sobre los pasos que hay que dar para concertar una cita con el médico de cabecera en el centro de salud.

Completa estas frases con la palabra/expresión adecuada seleccionada entre las que tienes al final de esta práctica.

1   Se va _____ a recoger un pase.

2   El pase se recoge normalmente _____.

3   El médico te ve _____.

4   Las citas con el médico son _____.

desde las ocho hasta las diez de la mañana   **por la mañana**

de doce a dos o de una a tres   **luego, por la tarde**

☑   *Clave*

B Entender explicaciones

Ramón menciona un *pase* y explica:

(i)   lo que es

(ii)   para qué sirve.

N.° de afiliación	2053
Nombre del paciente	Remedios López
Nombre del titular	Genaro Bermúdez
	Activo ✓
	Pensionista
	N.° de orden para la Consulta 20
Despacho n.° _____5_____	Dr. Fernández Baca

Identifica las palabras/expresiones adecuadas.

El pase es...   un número
                       un orden
                       una visita
                       un papelito

que tiene...   un número
                       un orden
                       una visita
                       un papelito

que sirve para...	ordenar las visitas de los médicos
	pedir cita con un especialista
	ordenar el ambulatorio
	organizar a los médicos
y para...	permitirte entrar cuando quieras.
	permitir ir por la mañana al ambulatorio.
	dar un orden, cuando el médico de cabecera va a verte.
	organizar a los médicos.

 Clave

Práctica 9 Gramática

Formas impersonales

En la entrevista se emplean dos formas para describir los pasos que hay que dar para concertar una cita con el médico en un ambulatorio de la Seguridad Social.

1   Se emplea el *tú* ("vas por la mañana, te dan el papelito", etc.)

2   Se emplean las *formas impersonales* de los verbos ("lo que hay que hacer es darse de alta con un médico de cabecera").

Se emplean las *formas impersonales* de los verbos así como los verbos reflexivos o pronominales cuando hay que dar consejos generales, hacer observaciones de tipo general, o se quiere dar un tono oficial a los consejos que se dan. En cambio, puedes utilizar el *tú* cuando quieres dar consejos más personales u órdenes más directas.

Ramón utiliza los dos métodos cuando habla de cómo conseguir cita con el médico. En el texto que sigue se utiliza el *tú* para dar consejos personales.

¿Cómo se puede convertir el texto en una serie de consejos generales?

Realiza las modificaciones necesarias, sustituyendo las <u>palabras o expresiones subrayadas</u> por las formas impersonales o reflexivas de los verbos adecuados.

Si <u>necesitas</u> asistencia médica en España, generalmente <u>tienes que ir</u> primero a un ambulatorio, o centro de salud. Normalmente <u>vas</u> por la mañana, <u>recoges</u> un pase, que da una prioridad, un orden y sirve para ordenar las visitas de los médicos. Entonces, según el número que figura en el pase, <u>acudes</u> al médico de doce a dos, o de una a tres. <u>Tienes que presentarte y entras</u>, por ejemplo, a la una y cuarto, a la una y media – es decir, a la hora que corresponda al número del pase.

 Clave

Práctica 10 Uso del lenguaje

Reconocer "falsos amigos"

 Sigue una lista de definiciones de la palabra "practicante" que aparecen en el *Diccionario de la Lengua Española de la Real Academia Española*.

Identifica la definición que corresponde al uso que se hace de esta palabra en la *Sección B*.

persona que practica y profesa su religión

persona que posee título para el ejercicio de la cirugía menor

persona que por tiempo determinado se instruye en la práctica de la cirugía y medicina al lado y bajo la dirección de un facultativo

persona que en los hospitales hace las curaciones o administra a los enfermos las medicinas ordenadas por el facultativo de visita

persona que en las boticas es encargada, bajo la dirección del farmacéutico, de la preparación y despacho de los medicamentos

☑ *Clave*

Práctica 11 Comprensión

Identificar datos concretos

 Sección C

Janine y Ramón mencionan los servicios médicos que son gratuitos y los que no lo son. Identifica la asistencia médica que se presta gratuitamente (G) a los extranjeros y la que hay que pagar (P).

1   la asistencia por la Cruz Roja

2   la asistencia en cualquier ambulatorio público

3   las operaciones

4   el 20% del precio de los medicamentos recetados por un médico de cabecera

5   los medicamentos que compra el paciente sin receta médica

6   las operaciones urgentes que necesite un ciudadano de la Unión Europea que lleva "un papelito E111"

☑ *Clave*

Práctica 12 Uso del lenguaje

Expresar sugerencias

 Secciones C y D

Abajo hay una lista de algunas de las sugerencias que hacen Janine y Ramón, pero hemos sustituido las expresiones que utilizan ellos por otras.
   Sustituye las <u>expresiones subrayadas</u> por las que emplean Janine y Ramón.

1   A cualquier ambulatorio público <u>es posible</u> acudir para la asistencia gratuita.

2   Normalmente lo mejor... lo que <u>sería preferible</u> hacer es volver al país.

3   <u>Es posible</u> llamar al número de urgencia.

4   Hay como tres números distintos <u>a los que es posible llamar</u>.

☑ *Clave*

Práctica 13 Uso del lenguaje

Expresar obligaciones y necesidades

Secciones C y D

La lista que sigue incluye varias frases sacadas de la conversación, y en las que se utiliza "hay que" para expresar una obligación o necesidad. En la conversación se emplean igualmente otras expresiones para indicar obligación o necesidad.
   Apunta todas las oraciones en las que se utilizan expresiones de este tipo (excepto "hay que") e intenta utilizarlas en lugar de "hay que" en las frases que siguen.

1   ¿Toda esta asistencia es gratuita, o <u>hay que</u> pagar?

2   Ah, entonces, <u>no hay que pagar</u>...

3   <u>¿Qué hay que hacer?</u> ¿Vamos también al médico de cabecera... ?

4   ¿Estos servicios de urgencia son gratuitos, <u>¿o hay que pagar?</u>

5   Pues, <u>hay que enseñarlo</u> en el momento que llegas...

☺ *con un/a compañero/a*
o
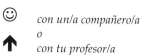 *con tu profesor/a*

Práctica 14 Uso del lenguaje

A Identificar partes del cuerpo

Mira el dibujo e identifica las partes del cuerpo con el número adecuado.

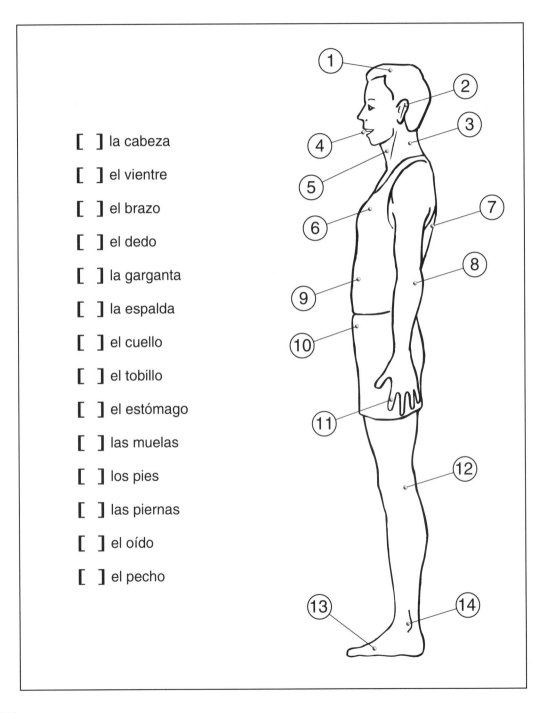

[ ] la cabeza

[ ] el vientre

[ ] el brazo

[ ] el dedo

[ ] la garganta

[ ] la espalda

[ ] el cuello

[ ] el tobillo

[ ] el estómago

[ ] las muelas

[ ] los pies

[ ] las piernas

[ ] el oído

[ ] el pecho

B Explicar problemas médicos

Trabaja con un/a compañero/a, utilizando el dibujo de la práctica A.

Estudiante A escoge un número y pregunta: ¿Qué te/le pasa?

Estudiante B responde: Me duele el/la…

Me duelen los/las…

o

Tengo dolor de…

Ejemplo

A 4. ¿Qué te pasa?

B Me duele la garganta.

! *En una consulta médica el médico o el farmacéutico utilizaría el "usted", es decir:* ¿Qué *le* pasa?

Otras expresiones corrientes que puede utilizar el Estudiante B son:

tengo hinchazón en (el tobillo)	o	tengo el tobillo hinchado
tengo inflamación en (la garganta)	o	tengo la garganta inflamada
tengo picores en (el brazo)	o	me pica el brazo
tengo insolación		
tengo estreñimiento	o	estoy estreñido/a
tengo diarrea	o	tengo el vientre suelto

con un/a compañero/a
o
con tu profesor/a

C Explicar tu historial médico

Si tienes algún malestar y necesitas tratamiento médico puede ser que el médico te haga preguntas sobre enfermedades anteriores.

Sigue una lista de enfermedades corrientes en la infancia. (Busca su significado en el diccionario si no lo conoces.)

el sarampión   **las paperas**
la rubéola   **la escarlatina**
la tos ferina

Trabaja con un/a compañero/a. Una persona es el/la médico, la otra persona es el/la paciente.

Ejemplo

A   ¿Ha tenido el sarampión?

B   Creo que sí.   Sí, lo tuve cuando tenía 5 años.

Creo que no.   No, no lo he tenido.

No lo sé.   No, no lo he pasado todavía.

etc.

☺   *con un/a compañero/a*

o

↑   *con tu profesor/a*

Práctica 15 Uso del lenguaje

A Entender el vocabulario: problemas médicos

Sigue una lista de problemas médicos.

¿Dónde buscarías tú la asistencia médica adecuada?

¿En un centro de salud o ambulatorio (A), en una farmacia (F) o en un hospital (H)?

Mira la lista de problemas y explica adónde irías para resolverlos.

1   Te duele mucho el vientre desde hace varios días. Temes que sea una apendicitis.

2   Estás acatarrado/a y te duele la garganta.

3   Anoche te emborrachaste con tus amigos y hoy te duele la cabeza.

4   Hace dos días te cortaste el dedo con un cuchillo y parece que la herida se está infectando.

5   Te ha picado un mosquito y se te ha hinchado el brazo.

6   Esta mañana te picó una avispa y la picadura te molesta un poco.

7   Te ha atropellado un coche. Te golpeaste la cabeza con el parachoques del coche y ahora tienes un dolor de cabeza muy fuerte.

8   Pasaste toda la tarde en la playa y el sol te ha quemado.

☑   *Clave*

B Explicar un problema médico

☺☺ Decides acudir al centro de salud / a la farmacia / al servicio de urgencias del hospital.

¿Cómo explicarías tú estos problemas al médico de cabecera / al farmacéutico / al médico de urgencias en el hospital?

Ejemplo

Anoche te emborrachaste con tus amigos y hoy te duele la cabeza.

Tú dirías: "Anoche me emborraché con mis amigos y hoy me duele la cabeza."

o: tengo dolor de cabeza.

 Clave

Práctica 16 Expresión oral

Simulación: explicar problemas y dar consejos

con otro/a estudiante o con tu profesor/a.

Estudiante A

es el paciente

Tú eres un/a paciente que ha decidido acudir a un centro de salud / a una farmacia / al servicio de urgencias del hospital.

Tienes que explicar

(a)   el problema que tienes, con los síntomas;

(b)   cuándo ocurrió el accidente, o cuánto tiempo hace que te encuentras mal;

(c)   que eres ciudadano/a de la Unión Europea y que tienes el documento E111.

!   *El E111 sólo cubre la asistencia médica de la Seguridad Social.*

Estudiante B

es el médico / farmacéutico

Tú eres el/la médico de cabecera / el/la farmacéutico/a / el/la médico del servicio de urgencias del hospital.

Tienes que averiguar:

(a)   qué problema(s) tiene el/la paciente, con los síntomas;

(b)   cuándo ocurrió el accidente o cuánto tiempo hace que se siente mal;

(c)   si tiene derecho a asistencia médica gratuita.

!   *En el caso de la farmacia, tú tendrás que preguntar si el/la paciente tiene receta médica o no, para determinar si debe pagar el valor íntegro de la medicina, o sólo el 20%.*

(d)   explicar lo que tiene que hacer el/la paciente para curarse.

B podría recomendar una o varias cosas:

- acudir al *centro de salud*, a la *farmacia* o al *servicio de urgencias* del hospital porque el/la paciente no ha solicitado la asistencia médica adecuada

- que le hagan una radiografía

- recetarle/darle algunos medicamentos y explicar cuándo y cómo los debe tomar: comprimidos, píldoras, grageas, pastillas, *supositorios, pomadas, jarabes

- ir al *practicante* para que le ponga una inyección, limpie la herida etc.

- ingresar inmediatamente en el *hospital*.

Nota

* Los *supositorios* se recetan mucho más en España que en otros países.

 Comprueba el significado de las palabras en cursiva antes de hacer la práctica.

Un consejo

 Graba la conversación: así te resultará más fácil consultar después a tu profesor/a.

Práctica 17 Lectura

Entender la información clave

Los medicamentos normalmente van acompañados de un folleto informativo.

Esta información utiliza lenguaje especializado. Es importante entender lo más crucial.

Lee la información que sigue sobre el medicamento DERATIN e intenta contestar las siguientes preguntas. No tienes que leerlo todo. Identifica las palabras clave.

1   Te han dado DERATIN para un dolor de garganta.

    ¿Es éste uno de los síntomas para los cuales se utiliza DERATIN?

2   ¿Qué dosis se recomienda?

3   ¿Se dan consejos a algún grupo específico de personas?

4   ¿Se puede obtener DERATIN sin ir al médico?

Clave

DERATIN®

(CLORHEXIDINA)

COMPRIMIDOS

VIA ORAL

COMPOSICION

CLORHEXIDINA (D. C. I.) digluconato	5 mg
Sacarina sódica	0,2 mg
Sacarosa	860 mg
Otros excipientes, c. s.	

PROPIEDADES

DERATIN es una especialidad a base de clorhexidina digluconato, antiséptico que actúa sobre bacterias gram-positivas, gram-negativas y, en menor grado, sobre mohos y levaduras, desinfectando la cavidad bucal.

INDICACIONES

Antiséptico coadyuvante en el tratamiento de infecciones buco-faríngeas. Ulceras aftosas, inflamaciones gingivales, reducción de la placa dental y desinfectante tras extracciones dentarias y amigdálicas.

POSOLOGIA

Administrar 1 comprimido cada 2 horas, procurando que se disuelva lentamente en la boca. No sobrepasar 8 comprimidos al día.

CONTRAINDICACIONES

Hipersensibilidad a la clorhexidina.

INCOMPATIBILIDADES Y EFECTOS SECUNDARIOS

Es incompatible con jabones, yodo, sustancias aniónicas y sales de metales pesados.

INTOXICACIONES Y SU TRATAMIENTO

La intoxicación por clorhexidina es muy poco frecuente debido a que no se absorbe a través de la mucosa gastrointestinal. No existe un tratamiento específico, pero se recomienda administrar leche, clara de huevo, o gelatina.

IMPORTANTE PARA LA MUJER:

Si está usted embarazada o cree que pudiera estarlo, consulte a su médico antes de tomar este medicamento. El consumo de medicamentos durante el embarazo puede ser peligroso para el embrión o el feto y debe ser vigilado por su médico.

PRESENTACION

DERATIN Comprimidos: Envase con 20 comprimidos.

SIN RECETA MEDICA

Laboratorios Normon, S.A.

Práctica 18 Lectura

Entender información y consejos

Entre los peligros del verano, las picaduras de diverso tipo son los más frecuentes. En estos casos tienes que saber la causa, los síntomas, qué hacer inmediatamente y qué hacer si el dolor continúa.

> Entre los insectos más frecuentes en España tenemos la abeja, la avispa y las hormigas, que en caso de picadura provocan dolor local, hinchazón y enrojecimiento. Lo que usted debe hacer es limpiar y desinfectar la zona afectada y extraer con unas pinzas finas el aguijón. Aplique compresas frías y antiinflamatorios locales.

Ejemplo

Mira la tabla de abajo. En ella se resume lo que se debe hacer en caso de picadura de *avispa*. Complétala después de leer el artículo "El Peligro Marino".

Clase de picadura	Síntomas	Qué hacer inmediatamente	Qué hacer si persiste
avispa	dolor local hinchazón enrojecimiento	limpiar y desinfectar zona afectada, extraer el aguijón, aplicar compresas finas	aplicar antiinflamatorios, acudir a un Centro de Salud
raya			
medusa			

 Si no estás seguro/a de algunos de los términos de la tabla, compruébalos con la ayuda de un diccionario.

☑ *Clave*

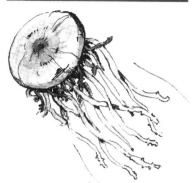

SALUD

El peligro marino

Punto y aparte merecen los animales marinos que también pican al ser humano. La raya, por ejemplo, vive semienterrada en zonas arenosas, desde donde suele pinchar con su aguijón, produciendo dolor, inflamación y un edema. Además puede provocar vómitos, vértigo, calambres y cefalea. ¿Qué hacer? Limpiar bien la herida con un antiséptico y retirar el aguijón. Sumerja la zona en agua muy caliente y tome analgésicos y antiinflamatorios. En caso de que sea la temida medusa la que por su roce o contacto le transmita su veneno, debe saber que tras el dolor, el picor y la inflamación le pueden aparecer vesículas similares a las que ocasiona una quemadura. Además, en casos graves, el afectado puede sufrir angustia, cojuntivitis y dificultad respiratoria y requerir atención médica. Si es leve, inmovilice la zona afectada, ponga compresas calientes y pomadas antiinflamatorias y analgésicas.

Salud: El peligro marino, de Lola Fernández
(*Suplemento Semanal*, 27.6.93, pág. 64)

Ya casi has terminado la unidad sobre la *asistencia médica en España*.

Antes de hacer la práctica final, vuelve a leer la *información* y los *objetivos* al comienzo de la unidad.

La última práctica te ayudará a *comprobar* si has alcanzado estos objetivos.

Práctica 19 Redacción

A Hacer comparaciones

Apunta las diferencias más significativas entre la asistencia médica en España (tal como se describe en la conversación) y la que hay en tu país.

B Redactar un artículo

Un grupo de estudiantes españoles va a visitar tu centro de enseñanza.

El director de vuestra revista estudiantil te ha pedido que redactes un artículo (de un máximo de 200 palabras) para dar a los estudiantes españoles que visiten tu centro la información de tipo práctico que creas necesaria sobre la asistencia médica en tu país, subrayando las diferencias más importantes entre los dos países.

Para orientarte, el director te ha dado una lista de apartados:

1   Los centros de salud

2   Los médicos de cabecera

3   Lo que hay que pagar y lo que es gratuito

4   Las farmacias

 5   En casos de urgencia...

> **Ahora entenderás cómo se presta asistencia médica en España; sabrás solicitarla y entender la información o las instrucciones de los médicos o los farmacéuticos.**

PASARLO BIEN
Amistades y tiempo libre

Whatever your reason for going to Spain, you will want to mix with people outside work or the institution in which you are studying. In this unit you will find out ways in which you can make acquaintances and friends, and generally make the most of your free time.

This unit will give you practice in:

(i)   obtaining practical information, and express-
       ing your own interests

(ii) understanding and following up advice,
       suggestions and recommendations

(iii) expressing options and preferences

Información

Estás pasando un cierto tiempo en España, pero no quieres pasar todo el tiempo estudiando o trabajando.

A continuación oirás una conversación entre la entrevistadora (Lucy), que vive en el
extranjero, y dos estudiantes (Ignacio y Víctor) que son españoles y que han cursado
estudios universitarios en Gran Bretaña y en su propio país. Hablan sobre los deportes
y aficiones de los jóvenes en España y de cómo los estudiantes extranjeros pueden hacer
amigos entre los españoles de su edad.

Práctica 1 Orientación

A Anticipar lo que se va a oír

Antes de escuchar la conversación haz una lista en español de tus aficiones, los deportes
que practicas y las otras actividades a las que te dedicas en tu tiempo libre.

(Si te resulta difícil explicar estas cosas, busca las palabras o expresiones que te hagan
falta en un diccionario o consulta a tu profesor/a.)

En tu opinión, de todas estas actividades, ¿cuáles son las que podrías seguir rea-
lizando en España? (Indícalas con una X).

 toda la conversación

Escucha toda la conversación, pero no te preocupes si no lo entiendes todo.
Subraya las actividades de tu lista que correspondan a las que mencionan Víctor e
Ignacio.

B Reconocer preguntas

toda la conversación

Escucha las preguntas de la entrevistadora y completa la transcripción que sigue.

1   ¿_____ _____ se dedican los estudiantes españoles _____ _____ _____ _____ _____ y no están estudiando?

2   ¿_____ los estudiantes al teatro?

3   ¿_____ _____ hacer amigos?

4   ¿Es _____ también en España?

5   ¿Qué es una _____ libre?

6   Y ¿qué _____ por ejemplo en la cuestión_____ ?

7   ¿Hay _____ universitarios de todo tipo de _____ o...?

8   ¿Qué _____ por ejemplo si tienes otro tipo de _____ , como _____ o _____ ?

9   ¿Es fácil _____ con más gente en la universidad?

10   Pero, ¿pasan tiempo _____ _____ también?

11   Por ejemplo, ¿ _____ _____ a los estudiantes españoles ver mucho la televisión? ¿ _____ la radio? ¿O _____ periódicos?

12   Y entonces, ¿ _____ que los estudiantes españoles viven un poco más _____ _____ afuera?

☑ *Clave*

Práctica 2 Comprensión

Identificar los temas de la conversación

toda la conversación

Intenta hacer una lista de todas las actividades mencionadas bajo las siguientes categorías. (Para ayudarte hemos dado algunas pistas.)

Diversiones

Sociales	Culturales	Deportivas	Aficiones	Otras
soc_____	acudir/ir al_____	ru_____	aj_____	ver la _____
tomarte_____ _____	ir a los _____	fú_____	fot_____	oír la _____
ir a un_____	conocer la cu_____ _____	fú_____ _____		leer _____
b_____	con_____	hacer el _____		salir al _____
ch_____				
ir a una _____				
ha_____				
diver_____				
bail_____				
pas_____ _____				
fie_____				

☑ *Clave*

Práctica 3 Uso del lenguaje

Expresar gustos

 o con tu profesor/a

Mira la tabla que sigue. Sobre la base de la información contenida en ella, el estudiante A hace preguntas y el estudiante B responde.

Ejemplos

A	¿A quién le gusta el montañismo?	**B**	A Pedro.
			A Pedro le gusta el montañismo.
A	¿A quién le gustan los conciertos?	B	A Ana.
			A Ana le gustan los conciertos.
A	¿A quién le gusta el teatro?	**B**	A Ana y Carmen.
			A Ana y Carmen les gusta el teatro.

Variante

¿A quién le interesan los conciertos?

Aficiones	Pedro	Ana	Jorge	Carmen
Montañismo	✓			
Conciertos		✓		
Fútbol			✓	
Teatro		✓		✓
Discotecas	✓		✓	
Fotografía				✓

Ahora en parejas otra vez preguntad y responded a preguntas sobre vuestros propios gustos.

Ejemplos

¿Te gusta el montañismo?
¿Te gustan los conciertos?
        etc.

 con un/a compañero/a
    o
 con tu profesor/a

Práctica 4 Comprensión

Entender las expresiones clave

 Sección A

Víctor habla en términos generales de lo que hacen los españoles en su tiempo libre. A continuación hay una lista de expresiones que significan lo mismo que varias expresiones que utiliza Víctor.

Escucha esta sección con atención y apunta las palabras exactas de Víctor que corresponden a las expresiones de nuestra lista.

1   ... el mayor interés que tienen es...

2   ... nuestra característica más importante es que somos...

3   ... no nos resulta difícil socializar...

4   ... puede divertirse mucho...

5   ...puede encontrar mucha distracción...

 Clave

Práctica 5 Comprensión

Entender el vocabulario

 Sección A

 Abajo hay una lista de adjetivos que significan lo contrario de varios adjetivos que utiliza Víctor. Si no los entiendes, consulta un diccionario.

Apunta los adjetivos que utiliza Víctor para describir a los españoles.

complicadas
bastante pesada
odiosas
cerradas

 Clave
o
 si no estás seguro/a.

Práctica 6 Comprensión

Comprender el contexto cultural

En la conversación, Víctor observa que... "el mismo café es un sitio bastante intelectual"...
    La observación de Víctor divierte a Lucy, que se ríe. En tu opinión, ¿por qué se ríe Lucy?
    Elige la razón o razones que creas adecuada(s).

porque le hace pensar en las diferencias entre los cafés en Gran Bretaña y España

porque la noción es absurda

porque la vida cultural e intelectual es muy distinta en España

porque no hay nada parecido en Gran Bretaña

 Clave
o
 si no estás seguro/a.

Práctica 7 Comprensión

Relacionar ejemplos con ideas

 Sección A

Víctor menciona varias actividades así como los lugares asociados con ellas.

Completa la tabla que tienes debajo, colocando una equis (X) en el espacio correspondiente al lugar ideal para cada actividad.

	Cafés	**Bares**	**Discotecas**
pasarlo bien			
conocer amigos			
tomarte un café			
socializar			
beber			
charlar			
divertirse			
bailar			

☑ *Clave*

Práctica 8 Uso del lenguaje

Comparaciones

 Sección A

Ignacio habla del teatro y de otras actividades culturales. Observarás que no contesta a la pregunta de Lucy: se limita a dar más información sobre el tema.

Completa estas oraciones con las palabras exactas de Víctor.

(a)   Los estudiantes extranjeros van mucho más...

(b)   La gente extranjera aprovecha más...

Ahora estudia las frases que siguen. Estas frases dan la misma información que da Víctor, pero expresan sus ideas de otra manera. Complétalas con las palabras o frases adecuadas.

1   Los españoles van menos _____ que los estudiantes extranjeros.

2   Los españoles _____ menos _____ que los extranjeros.

3   Los españoles _____ menos _____ que los extranjeros.

☑ *Clave*

Práctica 9 Comprensión

Entender el vocabulario

Estudia la oración (b) de la Práctica 8. Ignacio utiliza el verbo "aprovechar".

En la lista de frases que sigue identifica la que corresponde al sentido de la palabra "aprovechar" tal como la utiliza Ignacio.

La gente extranjera lo pasa muy bien en el teatro.

La gente extranjera se divierte mucho en el teatro.

La gente extranjera va más al teatro.

La gente extranjera disfruta más del teatro.

 Clave

Práctica 10 Uso del lenguaje

Expresar opiniones

Hay varias formas de expresar opiniones en español.

(i) Utiliza un elemento de cada columna de la tabla que tienes a continuación para expresar tus opiniones.

! *Recuerda las reglas de concordancia entre* adjetivos *y* sustantivos.

Yo creo que	las corridas de toros		aburrido
Opino que	la política	es	interesante
Considero que	los anuncios de la televisión		cruel
En mi opinión	las carreras de coches	son	fascinador
Me parece que	los fumadores		divertido
			peligroso
			emocionante
			pesado

(ii) Alternando, haz preguntas y contéstalas utilizando los ejemplos de la tabla anterior. Puedes añadir otros temas que sean de tu interés.

Ejemplos

¿Qué opinas de... ?

¿Qué te parece... ?

¿Que piensas de... ?

¿Que opinión tienes de... ?

Un consejo

Graba la práctica: así te resultará más fácil consultar después a tu profesor/a.

Práctica 11 Uso del lenguaje

Uso de los adjetivos

Sección A

(i) Victor habla de tres cosas:

... hacer amigos	es _____
... conseguir una amistad seria	es _____
... salir una noche y pasarlo bien	es _____

Completa las opiniones de Víctor utilizando una de las siguientes opciones:

(1)   muy difícil...   (4)   bastante fácil...

(2)   difícil...   (5)   fácil...

(3)   bastante difícil...   (6)   muy fácil / sencillo...

Clave

(ii) Utiliza la información anterior para reconstruir el texto que sigue y complétalo con los adjetivos adecuados.

En España hacer amigos _____ fácil / difícil, mientras que _____ una amistad seria _____ fácil / difícil. Sin embargo, salir una noche y pasarlo bien _____ realmente sencillo / complicado.

Clave

Práctica 12 Expresión oral ✓

Simulación: entender y dar consejos

Trabaja con otro/a estudiante.

En esta práctica aparecen las fichas de cinco estudiantes. Léelas.
¿Qué consejos les darías a estos estudiantes?

Explícales cómo pueden informarse y dónde pueden conocer españoles que tengan sus aficiones. Utiliza la información que dan Ignacio y Víctor.

Tu pareja te hará las preguntas que harían estos cinco estudiantes.

Un consejo

Graba la conversación: así te resultará más fácil consultar después a tu profesor/a.

Cinco estudiantes británicos van a pasar una temporada en una universidad española. Además de estudiar, quieren divertirse y conocer españoles.

ESTUDIANTE A

Nombre y apellido: Bryan Fawcett

Edad: 20 años

Aficiones / Deportes / Pasatiempos:
Conocer gente, ir a discotecas,
beber, pasarlo bien

ESTUDIANTE B

Nombre y apellido: Charles Sadler

Edad: 21 años

Aficiones / Deportes / Pasatiempos:
Rugby, fútbol, fútbol americano

ESTUDIANTE C

Nombre y apellido: Jane Davis

Edad: 19 años

Aficiones / Deportes / Pasatiempos:
Fotografía

ESTUDIANTE D

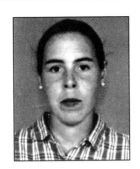

Nombre y apellido: Anne Collins

Edad: 23 años

Aficiones / Deportes / Pasatiempos:
Montañismo

ESTUDIANTE E

Nombre y apellido: Sally Elliott

Edad: 22 años

Aficiones / Deportes / Pasatiempos:
Ir a conciertos de música rock, ir al teatro,
hablar con los amigos sobre muchos temas.

Práctica 13 Uso del lenguaje

Relacionar ideas: uso de conectores

   Sección B

Ignacio habla de las actividades que se organizan dentro de la universidad.
Siguen varias frases que resumen lo que dice Ignacio:

(a)   … es una oportunidad estupenda para conocer a gente que estudia cosas diferentes que tú

(b)   … estas fiestas se organizan para que toda la gente en esta facultad se conozca

(c)   … por un módico precio de 1.500 pesetas tienes una barra libre durante casi toda la noche y lo pasas muy bien

(d)   … gente de fuera pueda entrar a conocer a estas personas

Ordénalas de acuerdo con lo que dice.

   Clave

Ahora vas a redactar un *resumen* de lo que dice Ignacio.

Puedes relacionar estas ideas usando *conectores*.

Para ayudarte hemos redactado la primera frase del resumen como *ejemplo*.

Ejemplo

Lo que pasa es que las universidades están divididas en facultades, *y normalmente* cada facultad hace fiestas, hace conciertos, fiestas al aire libre.

Las expresiones *en cursiva* son los *conectores*.

Estudia las expresiones que figuran abajo.

Utiliza estos conectores para unir las cuatro frases de Ignacio, colocando cada conector en el lugar adecuado.

además   **generalmente**   **o bien que**   **así que**

   Clave
o
   si no estás seguro/a

Práctica 14 Uso del lenguaje

Expresar la secuencia de las ideas

   Sección B

Ignacio explica la expresión "barra libre".

i)   Escucha su explicación y ordena las frases que siguen de acuerdo con lo que dice.

… puedes beber todo lo que quieras

… llegas a una discoteca o a la facultad donde se haga la fiesta

… te ponen un sello en la mano

… puedes seguir bebiendo hasta el final de la fiesta

… pagas mil quinientas pesetas en la puerta

ii)   Estudia las siguientes expresiones. Coloca cada una en el lugar adecuado y completa el resumen como en la Práctica 13.

antes de entrar   **y cuando hayas pagado la entrada**

luego entras y   **primero**   **en fin**

   Clave

Práctica 15 Comprensión

Entender consejos

 Sección B

En la última parte Víctor da varios consejos a las personas que quieran practicar deportes. En esta lista hay una serie de consejos. Identifica los que correspondan a los consejos de Víctor.

Pertenecer a un equipo deportivo

... para hacer amigos rápida y sencillamente

... para pasarlo bien

... para entrenarse (físicamente)

... para aprender el español

... para llegar a ser un buen jugador de fútbol, rugby etc.

 Clave

Práctica 16 Expresión oral / Expresión escrita

A Hacer una llamada telefónica: preparación

Lee este anuncio. Es de la página universitaria de un periódico de tirada nacional.

NAVIDAD 96:

C.E.E.S. ha organizado para grupos escolares dos turnos de vacaciones en Los Molinos (Madrid) en régimen de albergue con un amplio programa de actividades al aire libre y excursiones, incluso prácticas de esquí.

Para más información dirigirse a:

C.E.E.S.
C/ Fermín Caballero 90,
Madrid

Tfno. 730 05 66

Decides telefonear para pedir más información. Haces una lista de los puntos clave sobre los que quieres preguntar.

(i)   Aquí tienes algunas sugerencias para tu lista:

Fechas

Actividades

Transporte

Precio

Plazas libres

Reservas de plazas

   Añade los puntos que tú creas necesarios.

 (ii) Prepara las preguntas que tendrás que hacer para obtener esta información.

B Hacer una llamada telefónica / tomar apuntes

   Trabaja con otro/a estudiante.

Compara tu lista de preguntas con la de él/ella.

Practica la conversación telefónica.
Tomad nota de la información que recibís.

Graba la conversación: así te resultará más fácil consultar a tu profesor/a. Enseña también tus apuntes de la conversación a tu profesor/a.

Práctica 17 Lectura

Buscar información: guía telefónica

Te interesan: el tenis   el karate   el voleibol   el golf

¿Adónde acudirías para practicar estos deportes?
    Busca la información en la página de la guía telefónica aquí reproducida y graba los datos (el nombre del club, su dirección y su número de teléfono).

   Clave

■ CLUBS DEPORTIVOS

MALAGA

ANEKSA, S. A. - Minilla, s/n --------------- 21 5397
ASOCIACION BENEFICA CULTURAL Y
  DEPORTIVA CIABOGA
  Gutemberg, s/n ----------------------- 22 3402
CENTRO DEPORTES EL PALO
  P. Fdez. Alcolea, 59 ----------------- 29 6098

CLUB DE GOLF

VALDERRAMA

11310 SOTOGRANDE (Cádiz)

Ctra. Cádiz-Málaga, Km. 132 ☎ (956) *79 27 50

☎ (956) 79 27 75 - 79 27-69

CLUB DE TENIS MALAGA
  Urb. P. San Antón, s/n ---------------- 29 1092
  Urb. P. San Antón, s/n ---------------- 29 6095
CLUB DEPORTIVO EUROPA
  M. Carbonero, 4 ---------------------- 22 6021
CLUB DEPORTIVO MALAGA
  Pº Martiricos, s/n ------------------- 27 2581
  Pº Martiricos, s/n ------------------- 27 3280
CLUB EL CANDADO DE TENIS
  Urb. Candado, s/n -------------------- 29 0547
CLUB EL CANDADO S. A.
  Urb. Candado, s/n -------------------- 29 4666
  Urb. Candado, s/n -------------------- 29 6097
CLUB MARISTA - Victoria, 23 ----------- 25 6297
CLUB MARISTAS - Pl. Victoria, 23 ------ 25 4212
CLUB NAUTICO EL CANDADO
  Almellones, s/n ---------------------- 29 8099
CLUB NAUTICO EL CANDADO
  Cª Vieja Almeria, s/n ---------------- 29 8298
CLUB NAUTICO EL CANDADO. -PUERTO
  Cª Vieja Almeria, s/n ---------------- 29 6148
FEDERACION MALAGUEÑA DE KARATE
  Av. J. Benavente, s/n ---------------- 26 3248
FEDERACION MALAGUEÑA VOLEIBOL
  Av. J. Benavente, s/n ---------------- 26 3247
MOTO-CLUB - Strachan, 2 --------------- 21 8211
REAL CLUB MEDITERRANEO
  Pº Farola, 18 ------------------------ 22 8528
  Pº Farola, 18 ------------------------ 22 8541
CLUB NAUTICO EL CANDADO
RESTAURANTE REAL CLUB
  MEDITERRANEO - Pº Farola, 45 ------ 22 2075
TORRALBA TENLLADO, J. - A. Barceló, 15 26 3649

ALHAURIN EL GRANDE

SCHURICHT, SIEGFRIED
  Carretera de Coin, Km. 69 ------------ 49 1173

BENALMADENA-COSTA

CLUB NAUTICO MARITIMO DE
  BENALMADENA
  Puerto Deportivo Benalmadena, s/n --- 44 1578
CLUB NAUTICO MARITIMO DE
  BENALMADENA - Puerto Deportivo, s/n 44 4234
TORRALBO OLMO, J.
  Carretera de Cadiz, P a 4-2 ---------- 44 1070

CALAHONDA

MC DONALD, MARGARET JEAN
  Avenida España, s/n ------------------ 83 3329

ELVIRIA

ELCASCO ESTABLISHMENT
  Urbanizacion El Rosario, s/n --------- 83 1654
STROÏNOVSKY, ALEX
  Carril del Relojero, s/n ------------- 83 1836

ESTEPONA

CLUB LEISURE SPORT

SQUASH-AEROBICS-TENIS
PADDLE-NAUTILUS-GYM
BAR-RESTAURANTE
SAUNAS-HYDROSPAS-SWIMMING

ESTEPONA
Ctra. Cádiz, Km. 168
Urb. Benamara
☎ *78 40 87 - *78 85 95
Fax: ☎ *78 40 87

CLUB NAUTICO DE ESTEPONA
  Avenida de España, s/n --------------- 80 0954
GOMEZ BARRIO, T.
  Urbanizacion Bel-Air, s/n ------------ 78 0658
HOTELES EUROPEOS S. A.
  Carretera de Benahavis, s/n ---------- 78 1894
LEISURE SPORT S. A.
  Carretera de Cadiz, Km. 168 ---------- * 78 4087
  Carretera de Cadiz, Km. 168 ---------- * 78 8596
  Carretera de Cadiz, Km. 168 ---------- * 78 8595
  Carretera de Cadiz, Km. 168 ---------- 81 5996

FUENGIROLA

CLUB NAUTICO FUENGIROLA
  Puerto Pesquero, s/n ----------------- 47 0406
CLUB NAUTICO TORREBLANCA
  Carretera de Cadiz, Km. 219 ---------- 47 5084
COLLINS, MICHAEL ANTHONY
  Urbanizacion Haza del Algarrobo, s/n - 47 2791

MARBELLA

Aloha Golf Club

  Urb. Aloha Golf, s/n ----------------- 81 2389
  Administración: ---------------------- 81 3754
  Cady Master: ------------------------- 81 2388

BASTARD, SEGUR
  Urbanizacion El Madroñal, P-92 ------- 78 0990
CLUB DE GOLF LAS BRISAS
  Urbanizacion Nueva Andalucia, C-1-A --- * 81 0875

CLUB DE GOLF

CLUB DE GOLF
LAS BRISAS

MARBELLA
Urb. Nueva Andalucia, C-1
Centralita: ☎ *81 08 75
Dirección: ☎ 81 55 18
Centralita Hotel: ☎ *81 17 50

CLUB NORDICO CULTURAL
  Urbanizacion Nueva Andalucia, C-12-C ---- 81 4540
HOLIDAY VILLA S. A.
  Urbanizacion El Rosario, Km. 195 ------- 83 2037

Práctica 18 Comprensión

Clasificar información

 Sección C

Víctor contesta a Lucy, que pregunta si a los españoles les gusta pasar tiempo a solas. Completa la tabla.

! *Algunas actividades pueden incluirse bajo varios apartados.*

	ACTIVIDADES			
	a solas		**sociables**	
	en casa	fuera	en casa	fuera
ver la televisión				
oír la radio				
leer periódicos				
ir al campo				
ir a los pueblos				
salir al cine				
ver la ciudad				
estar con la familia				

☑ *Clave*

Ya casi has terminado la unidad sobre *las amistades y el tiempo libre en España*.

Antes de hacer la práctica final, vuelve a leer la *información* y los *objetivos* al comienzo de la unidad.

La última práctica te ayudará a *comprobar* si has alcanzado estos objetivos.

Práctica 19 Expresión oral

Simulación: entender y dar información y consejos

o con tu profesor/a

Estudiante A

Eres un/a estudiante español/a. Estás haciendo prácticas empresariales.

Acabas de llegar y te encuentras solo/a, así que te pones en contacto con un/a compañero/a de la empresa (Estudiante B) para pedir consejos e información sobre las posibilidades de divertirte o practicar deportes en la ciudad.

1   Sigue una lista de los deportes y aficiones etc. que, creemos, te pueden interesar. (Puedes añadir más, si quieres.)

AFICIONES / ACTIVIDADES	ACTIVIDADES CULTURALES	DEPORTES
estudiar idiomas	teatro	natación
salir con los amigos	cine	fútbol
visitar museos	música pop	atletismo
		ciclismo

2   Vas a reunirte con tu compañero/a (Estudiante B) que quiere practicar su español, así que preparas una serie de preguntas en español sobre las actividades que te interesan.

Quieres saber si es posible hacer todas estas cosas en la ciudad donde estás haciendo tus prácticas empresariales y por supuesto, lo más importante:

¿dónde?   ¿cuándo?   ¿cómo?

Quieres datos concretos (por ejemplo, nombres de clubes, direcciones, números de teléfono etc.), no te olvides de pedirlos si las respuestas del Estudiante B son un poco vagas.

Estudiante B

Un/a compañero/a español/a va a reunirse contigo para pedirte información sobre las actividades que le interesan.

Tú quieres practicar tu español, así que reunes todos los datos que encuentras sobre las actividades recreativas que ofrece tu ciudad, para poder informar al/a la nuevo/a compañero/a español/a.

Tu compañero/a ya te ha indicado algunas de las actividades que le interesan. (Ver la lista en la página anterior.)

Practicad la conversación.

Un consejo

 Graba la conversación: así te resultará más fácil consultar después a tu profesor/a.

> **Ahora tendrás más idea de cómo hacer amistades y disfrutar de tu tiempo libre en España.**

PART B
ESTUDIAR EN ESPAÑA

HACIA LA UNIVERSIDAD
Después del Instituto

This unit helps you to understand how young people prepare for and gain entry to university in Spain through an interview with a pupil at a secondary school (known popularly as institutos *rather than by their official title of* Institutos de enseñanza secundaria).

She describes the secondary education system, the course which she is taking, how it prepares her for entry to higher education, and her career ambitions. Subsequently (after she has gone to university) she compares aspects of school and university education in Spain.

This unit will give you practice in:

(i)   talking about yourself and what you are doing

(ii)   understanding and describing systems

(iii)   comparing systems

Información

Te interesa saber cómo es la enseñanza media en España, cuáles son los exámenes que hacen los alumnos, cómo es el horario de un alumno típico y cómo se preparan los jóvenes para ingresar en la universidad en España.

A continuación vas a escuchar una conversación entre la entrevistadora, Concha, y una alumna, Isabel, que está preparándose para ingresar en la universidad.

Práctica 1 Orientación

A Comprobar lo que ya sabes del tema

☺ Un grupo de alumnos de un instituto español va a visitar el centro donde tú estudias.
☺ Sabes que te van a hacer preguntas sobre el centro y las asignaturas que se estudian.

Haz una lista de todas las asignaturás que estudias e intenta contestar estas preguntas:

* ¿Cuántas asignaturas estudias?

* ¿Cuáles son las que más te gustan?

- ¿Son obligatorias todas estas asignaturas?

- ¿Cuáles son obligatorias?

Si puedes, haz esta práctica con un/a compañero/a y graba las respuestas: así te resultará más fácil consultar a tu profesor/a.

Si no puedes hacer la práctica con un/a compañero/a, hazla con tu profesor/a.

B Anticipar lo que se va a oír

toda la conversación

A continuación tienes una lista de los posibles temas de esta entrevista.
Escucha la conversación y numéralos en el orden en que aparecen.

! *No todos los temas de la lista forman parte de la entrevista.*

- Su horario

- Los estudios que cursa Isabel

- Estudios posteriores

- Asignaturas que estudia

- Sus ambiciones

- Sus estudios previos

☑ *Clave*

Práctica 2 Comprensión

Identificar datos concretos

Sección A

En esta sección de la conversación Isabel habla de lo que estudia.
Completa la ficha con la información que da Isabel en la conversación.

! *Intenta hacer una lista de todas las asignaturas que estudia Isabel, pero no te preocupes si no puedes apuntarlas todas.*

Ficha Nº 683

Nombre . . . .   Apellido . . . .

Curso . . . .

Asignaturas

1 . . . .   6 . . . .

2 . . . .   7 . . . .

3 . . . .   8 . . . .

4 . . . .   9 . . . .

5 . . . .

☑   *Clave*

Práctica 3 Comprensión

A Entender expresiones y siglas

Sección A

Contesta las preguntas que siguen.

1   Según Isabel ¿qué significa COU?

2   ¿Cuáles son las dos clases de COU que se ofrecen en la enseñanza secundaria? Identifica los estudios que cursa Isabel.

☑   *Clave*

B Entender las ideas

Sección A

Decide si las frases siguientes son verdaderas o falsas.

(a)   Todas las asignaturas son obligatorias.

(b)   Algunas asignaturas son obligatorias, pero otras son optativas.

(c)   Los alumnos tienen absoluta libertad para elegir las asignaturas que quieren estudiar.

(d)   Los alumnos pueden decidir cuántas asignaturas van a estudiar.

☑   *Clave*

C Entender el vocabulario

Contesta las preguntas que siguen. Apunta las palabras de Isabel.

¿Cómo explica Isabel "(asignaturas) comunes"?

¿Cómo explica Isabel "(asignaturas) optativas"?

 Clave

D Identificar datos concretos

Sigue una lista de las asignaturas que corresponden al *COU de Ciencias*.

Comunes	Optativas
Lengua	Biología
Filosofía	Matemáticas
Inglés	Física
	Química

 Sección A

Sigue una lista que corresponde al *COU de Letras*.

Matemáticas	Literatura
Lengua	Filosofía
Inglés	Francés
Arte	Griego
Latín	Historia

(i) De todas estas asignaturas, ¿cuáles son comunes (C), y cuáles son optativas (O)?

(ii) Identifica las asignaturas que estudia Isabel.

 Clave

Práctica 4 Expresión escrita

Hacer comparaciones

Compara el número y la variedad de asignaturas que estudia Isabel con las que un/a alumno/a de la misma edad podría estudiar en tu país.

¿Cuáles son las diferencias que notas?

Haz una lista en español de todas ellas y consulta a tu profesor/a.

Práctica 5 Comprensión

Entender el contenido

 Sección B

(i) Isabel habla de su horario.

Completa este fragmento de la transcripción de la conversación.

Isabel: Pues, en COU _____ todos el mismo número de _____ aunque en este Instituto particularmente no todos tenemos, o sea no todos _____ a la misma hora. Yo, por ejemplo, tengo de – _____ cuatro días a las _____ _____ _____ y _____ a la _____ _____ _____ , o sea _____ _____ horas, menos el _____ , que _____ de _____ _____ _____ a _____ _____ _____ , seis horas.

Concha: Y ¿tenéis _____ horas de clase seguidas, o tenéis un _____?

Isabel: Tenemos – las clases son de _____ _____ _____ minutos cada una y van: son _____ clases, el recreo que dura _____ _____ , y otras _____ clases.

☑ *Clave*

(ii) Apunta la información solicitada de acuerdo con lo que dice Isabel.

(a) duración de la clase

(b) duración del recreo

(c) número de clases (por semana)

(d) número total de horas que pasa Isabel en el Instituto cada semana

☑ *Clave*

Práctica 6 Comprensión

Entender horarios

 Sección B

Lee el horario de Isabel.
Vuelve a escuchar la información que ella da sobre su horario y complétalo.

Learning Resources
Centre

?	Matemáticas	Inglés	Arte	Lengua	Historia
?	Literatura	Lengua	Literatura	Filosofía	Filosofía
?	Arte	Matemáticas	Lengua	Inglés	Matemáticas
?	Filosofía	Historia	Inglés	Literatura	Lengua
?	Historia	Filosofía	Arte	Historia	Literatura
?				Arte	
	LUNES	**MARTES**	**MIERCOLES**	**JUEVES**	**VIERNES**

☑ *Clave*

Práctica 7 Comprensión

Entender un sistema

 Sección C

Escucha la información que da Isabel sobre el sistema educativo en España y completa la tabla.

! *No podrás rellenar todos los espacios en blanco con la información que da Isabel.*

Clase de centro	Nombre de los cursos	Duración	Título/ certificado/examen
Guardería	—	—	—
Escuela primaria	EGB	8 años	
Instituto	BUP		—
	COU		COU
Instituto	—	(1 mes)	

☑ *Clave*

Práctica 8 Uso del lenguaje

A Entender el vocabulario

    Sección D

Según Isabel:

1   ¿qué quiere estudiar?

2   ¿qué quiere ser?

☑   *Clave*

B Estudios y profesiones

Completa las dos columnas siguientes utilizando la información contenida en ellas como pistas.

	Columna A	Columna B
1	periodismo	_____
2	_____	futbolista
3	_____	científico/a
4	biología	_____
5	física	_____
6	_____	químico/a
7	fotografía	_____
8	_____	historiador/a
9	medicina	_____
10	_____	artista

☑   *Clave*

Práctica 9 Gramática

Uso del verbo

    Sección D

Isabel habla de su ambición de ser periodista. Sigue una transcripción de lo que dice, pero faltan algunos verbos.
    Completa la transcripción con los verbos adecuados tal como los utiliza Isabel.
    Después del texto tienes una lista de estos verbos en infinitivo.

"Digamos que desde siempre porque siempre me (1) _____ mucho (2) _____ y ya siempre lo (3) _____ como sueño, ¿no? (4) _____ a ser periodista, no sé qué, pero ahora ya cuando más (5) _____ de verdad a la elección de una carrera, pues ya (6) _____ que (7) _____ melo a (8) _____ más seriamente, y veo que sí, que yo, de lo que mi opción me (9) _____ (10) _____, (11) _____ que es lo que más me (12) _____."

acercarse	gustar	gustar	creer
ir	empezar	tener	tener
permitir	plantear	escribir	estudiar

 Clave

Práctica 10 Expresión oral

Dar una charla

Un grupo de profesores y alumnos de un instituto español va a visitar el centro donde tú estudias en tu propio país. Tú tienes que recibir al grupo de españoles y explicar las diferencias más importantes entre la enseñanza secundaria en España y en tu propio país.

Prepara una pequeña charla (de un máximo de tres minutos) y dala ante tu profesor/a.

Un consejo

Graba la charla: así te resultará más fácil consultar después a tu profesor/a.

Ya casi has terminado la unidad sobre *los estudios en un instituto español*.

Antes de hacer la práctica final, vuelve a leer la *información* y los *objetivos* al comienzo de la unidad.

La última práctica te ayudará a *ampliar* tus conocimientos de este tema.

Práctica 11 Lectura

A Identificar los temas principales

Sigue una lista de los temas principales de la carta de Isabel que está al final de la práctica. Numéralos de acuerdo con el orden en el que aparecen en la carta.

contacto con los profesores

estudiantes de muchas clases / edades

duración de la carrera / subdivisiones del curso y su relación a los exámenes

asistencia a clases

fiestas

exámenes

masificación

 Clave

B Entender la terminología

Isabel emplea varios términos relacionados específicamente con la enseñanza superior en España. Estos términos se detallan en la Columna A. En la Columna B están las definiciones de los términos de la Columna A, pero su orden no es correcto. Relaciona las dos columnas.

	A		**B**
1	repetidor	a)	un período de cuatro meses
2	parciales	b)	conjunto de pruebas que se hacen en España para poder acceder a la universidad
3	cuatrimestre	c)	alumno que repite un curso o una asignatura
4	selectividad	d)	titulación que se otorga a los alumnos que han cursado y aprobado todas las asignaturas correspondientes al 2° Ciclo de la universidad
5	licenciatura	e)	examen que el alumno hace de una parte de la asignatura

 Clave

C Hacer comparaciones

Isabel hace una serie de comparaciones tanto explícitas como implícitas entre la vida del alumno de instituto y la del estudiante universitario. Basándote en el contenido de la carta completa la tabla.

! *En algunos casos podrás usar la información proporcionada por Isabel; en otros tendrás que intuir la comparación que ella pretende hacer. Para ayudarte hemos hecho la primera comparación como* ejemplo. *La comparación que se puede intuir figura en* cursiva.

	Instituto	Universidad
asistencia a clase	*se controla mucho; no puedes pasar mucho tiempo sin ir a clase porque los profesores se fijarán*	no se controla; puedes pasar mucho tiempo sin ir a clase y los profesores no se fijarán
número de alumnos en cada clase		
turnos de clase		
edad y procedencia de los alumnos		
relaciones con los profesores		
exámenes:		
sistema antiguo		
nuevo sistema		
fiestas		

 Clave

 o

si no estás seguro/a.

¡Hola amigos!

Una vez más me encuentro con vosotros a través de nuestro periódico, aunque esta vez es diferente: ya no me veréis por allí ya que no sigo estudiando en el instituto, sino que ahora estoy en la universidad (como muchos sabréis).

Me han pedido los compañeros del periódico que os cuente mis impresiones sobre este cambio. Pues bien, en primer lugar creo que hay que hablar de la asistencia; aquí no te la controlan de ninguna manera, por lo que puedes pasar mucho tiempo sin ir a clase que los profesores ni se fijarán. Ya se han acabado las clases de 30–40 personas como mucho; ahora somos como mínimo 150 por lo general, por lo que las clases son inmensas. Incluso te impresionan al verlas por primera vez. El ser tanta gente obliga a establecer turnos de clase de mañana y tarde.

Si antes tenías de compañeros sólo a gente que más o menos vivía en tu entorno y también algún repetidor un poco mayor que tú, ahora te encontrarás rodeado de gente de todas las edades (algunos padres / madres de familia incluso) y también otros que vienen de los pueblos o que viven incluso en otras ciudades. Todo esto provoca un ambiente muy distinto al que se estaba acostumbrado, lo que no quita ni mucho menos que al haber tanta gente se hagan amigos, sino todo lo contrario: se conoce a mucha gente y muy rápido.

Aunque con los profesores no suele haber mucho trato debido a la cantidad de alumnos que hay, existen horarios de "tutorías" en los que puedes ir a hablar con ellos.

Los exámenes, por supuesto, comprenden mayor temario y dificultad, y según el tipo de prueba que sea te lo juegas todo de cara al verano o no, depende de la carrera que has escogido. Si sigues el plan antiguo en tu carrera los temarios estarán divididos en exámenes parciales, con lo que puedes ir estudiando la asignatura en bloques y aprobándola por partes, por lo que si suspendes te examinas sólo de esos temas.

Si, por el contrario, te ha tocado el plan nuevo la licenciatura tendrá 4 cursos en lugar de 5, y estarán estructurados cada uno en dos cuatrimestres, de octubre a febrero y de marzo a junio. En cada cuatrimestre se tienen asignaturas diferentes y profesores distintos. Sólo tendrás un examen al final de cada cuatrimestre y si suspendes tienes otra oportunidad, pero ya en septiembre, no antes, lo que quiere decir que tendrás que estudiar en verano.

El plan nuevo se está implantando ahora, por lo que la mayoría de las carreras aún constan de 5 años, aunque periodismo, en mi caso, ya ha pasado de 5 a 4.

Muy características de la universidad son las fiestas, que son muy abundantes y se conoce a mucha gente. Se suelen celebrar en los aparcamientos de las facultades y con motivo de los patrones. Cada facultad tiene un patrón, un santo propio, y ese día del calendario no tenemos clase, es fiesta; organizamos además una fiesta de verdad a la que acude gente de todas las facultades.

Bueno, creo que esto es más o menos lo fundamental para que os podáis hacer una idea de ciertos aspectos de la vida universitaria. Os deseo que tengáis suerte en los exámenes finales y en selectividad, y me despido, esperando veros muy pronto.

Isabel

D Entender las expresiones coloquiales

Explica en castellano si es posible (de no ser posible, en tu propio idioma) las expresiones coloquiales utilizadas por Isabel:

- lo que no quita... que... se hagan amigos

- te lo juegas todo

- de cara al verano

- con motivo de los patrones

Práctica 12 Gramática

Comprender el uso del subjuntivo

Sigue una explicación de algunos de los usos del *modo subjuntivo* en castellano. Para ayudarte a comprenderlos, los hemos clasificado en 13 categorías. Lee nuestra explicación, estudia los ejemplos y luego completa la tabla al final de esta práctica.

Uso del subjuntivo

El principal uso del subjuntivo es en la oración subordinada.
  Se usa el *modo subjuntivo* en la oración subordinada:

siempre que el verbo principal exprese

Ejemplo

(a)   duda o incertidumbre   No creo que venga.

(b)   posibilidad o probabilidad   Es posible que venga.

(c)   necesidad   Es necesario que venga.

(d)   deseo   Quiero que venga.
                                              Le ruego que venga.

(e)   consejo   Le aconsejo que venga.

(f)   prohibición o disuasión   Le hemos prohibido que venga.

(g)   emoción   Nos alegramos mucho de que venga.
                                              Me temo que venga.

siempre que el verbo principal implique

(h)   solicitud o petición   Le hemos pedido que venga.

siempre que en la oración principal haya

(i)   un antecedente negativo   No hay nadie que venga.

(j)   un antecedente indefinido   Quiero hablar con alguien que vaya a venir.

cuando el verbo de la oración subordinada depende de

(k)   ciertas conjunciones, por   Le he dado el dinero para que venga.
      ejemplo: *para que, con el fin*   Tenemos que avisarle antes de que venga.
      de que, antes de que, etc.

cuando el verbo de la oración subordinada se refiere a

(l)   una acción que se desarrollará   Le daré el cheque cuando venga
      en el futuro, y va después de: (la semana próxima).
      cuando, en cuanto que, etc.

Nota

      Cuando no se refiere a una   Le doy el cheque cuando viene
      acción que se desarrollará en   (todas las semanas).
      el futuro, se usa el *modo*
      indicativo.

cuando el verbo de la oración subordinada

(m)   sigue a *aunque* y se refiere a   Cogeremos un taxi aunque venga
      una acción posible o hipotética   Pedro. (= Cogeremos un taxi
                                              incluso si viene Pedro.)

Nota

No obstante, si se refiere a una acción que es cierta y, por lo tanto, no hipotética, se usa el *modo indicativo*.	Cogeremos un taxi aunque viene Pedro. (= Cogeremos un taxi, aunque sabemos que Pedro va a venir.)

Siguen las oraciones en las que Isabel usa el subjuntivo en su carta. Relaciónalas con las categorías arriba señaladas, identificando la categoría a la que corresponde cada oración con la letra adecuada (a–m).

1   Me han pedido los compañeros del periódico que os cuente mis impresiones...

2   ... un ambiente muy distinto al que se estaba acostumbrado, lo que no quita ni mucho menos que al haber tanta gente se hagan amigos.

3   ... según el tipo de prueba que sea te lo juegas todo de cara al verano.

4   ... creo que esto es más o menos lo fundamental para que os podáis hacer una idea...

5   Os deseo que tengáis suerte en los exámenes finales...

 Clave

o

 si no estás seguro/a.

Práctica 13 Expresión oral

Hacer comparaciones

Utiliza estos apartados para comparar el sistema universitario de tu país con el de España.

- "masificación" / turnos

- repetidores

- trato con los profesores / tutorías

- exámenes: su organización y sus características

- duración de la licenciatura

- fiestas universitarias celebradas con motivos religiosos

 Un consejo

 Graba la explicación: así te resultará más fácil consultar después a tu profesor/a.

> **Ahora tendrás una imagen más clara de lo que pasa en los centros de enseñanza secundaria españoles en comparación con los de tu país.**

Unidad 5

¿CÓMO VIVEN LOS ESTUDIANTES?
La vida de una estudiante universitaria

In this interview you will hear a university student describing her daily life as a student on a business studies course in Spain, and comparing it with her daily life as a student in Britain. (Her course included attendance at higher education institutions in both countries.)

This unit will give you practice in:

(i)   understanding and explaining daily routines

(ii)   understanding and making comparisons between different systems

(iii) drawing conclusions and evaluating information

Información

Vas a pasar un semestre estudiando en España. Naturalmente, quieres saber cómo se organizan los estudios allí: las asignaturas, el horario, los métodos de enseñanza, etc.

A continuación vas a escuchar una conversación entre la entrevistadora, Lucy, que vive en el extranjero, y Angeles, que es de familia española residente en el Reino Unido.

Nota

La entrevista se grabó en Inglaterra, así que cuando Angeles dice en la entrevista "aquí" se refiere a Inglaterra; y "allí" se refiere a España.

Práctica 1 Orientación

A Formular preguntas

Vas a oír a una persona que describirá la vida diaria de un/a estudiante en España.
Procura imaginar los temas que se comentarán.

¿Qué preguntas harías tú (en español, por supuesto) para obtener información sobre cada tema? Escribe una lista de preguntas.

B Reconocer preguntas

toda la conversación

(i)   Apunta las preguntas que hace la entrevistadora, Lucy.

Clave

(ii)   Compara las preguntas de Lucy con las que escribiste en la Práctica 1. ¿Notas alguna diferencia?

Práctica 2 Comprensión

Identificar la secuencia de las ideas

toda la conversación

Sigue una lista de los temas que se comentan en la conversación.
El orden no es correcto.
Escucha de nuevo la conversación y ordénalos.

nombre del curso   horario

asignaturas estudiadas   lugar de estudio

número de estudiantes   métodos de enseñanza

Clave

Práctica 3 Expresión escrita

Rellenar un impreso

Escucha la conversación hasta que tengas los datos suficientes.

El impreso que encontrarás a continuación se parece al impreso que Angeles tuvo que rellenar para estudiar en España. Utiliza la información que proporciona ella para rellenarlo.

Nombre _____

Apellido(s) _____

Asignaturas estudiadas _____

_____   _____

_____   _____

Clave

Mira la lista de las asignaturas.
En tu opinión, ¿cuáles son las asignaturas que corresponden a éstas en tu país?

Práctica 4 Comprensión

Entender explicaciones

Decide si las afirmaciones siguientes son verdaderas (V) o falsas (F) según lo que dice Angeles sobre su horario en Gran Bretaña y el horario que tenía cuando estudiaba en España. Anota tus repuestas.

1   Cada día los estudiantes pasan más horas en clase en España que en Inglaterra.

2   Los estudiantes tienen menos tiempo para comer en España.

3   En España sólo se estudia desde las nueve hasta las cuatro.

4   En Inglaterra los estudiantes están continuamente desde las nueve hasta las cinco en clase, con sólo cinco minutos para el recreo.

 Clave

Horario de Angeles en España

	LUNES	MARTES	MIERCOLES	JUEVES	VIERNES
09.00	Estadística		Derecho	Marketing	Contabilidad
10.00	Informática		Estadística	Informática	Estadística
11.00	Lengua Española	Marketing	Contabilidad	Organización de Empresas	Contabilidad
12.00		Contabilidad	Organización de Empresas		Lengua Española
13.00		Lengua Española		Estadística	Organización de Empresas
14.00					
15.00					
16.00		Informática	Lengua Española	Derecho	
17.00	Lengua Española		Marketing	Informática	
18.00	Contabilidad	Organización de Empresas	Informática		
19.00		Derecho			

Práctica 5 Uso del lenguaje

Entender el vocabulario

Cuando Angeles habla de los métodos de estudio, menciona la palabra "conferencia". Siguen las definiciones de la palabra "conferencia" que aparecen en el *Diccionario de la Real Academia*.

   ¿Cuál es la más adecuada, teniendo en cuenta el contexto en el que Angeles utiliza la palabra?

1. Reunión de varias personas para discutir un asunto.

2. Lección pública.

3. Comunicación telefónica interurbana.

4. Reunión en la que una personalidad responde a las preguntas de los periodistas.

 Clave

Práctica 6 Uso del lenguaje

A Comparar sistemas

Utiliza la información que proporciona Angeles sobre los métodos de enseñanza en los dos países para completar el cuadro que sigue.

	España		Gran Bretaña	
	más	menos	más	menos
Conferencias				
Seminarios				
Trabajo personal				
– en casa				
– en la biblioteca				

 Clave

B Hacer comparaciones

Escribe frases comparando los dos sistemas educativos utilizando "más" y "menos".

Ejemplo

En España se hace más trabajo en casa.
En Gran Bretaña se hace menos trabajo en casa.

Práctica 7 Lectura

A Entender el contenido

Lee el texto sobre los becarios de la Unión Europea. Decide si los diez puntos siguientes son verdaderos o falsos.

1 Los estudiantes ingleses y franceses realizan prácticas empresariales en la Cámara de Comercio de La Coruña.

2 Cada año un total de unos veinte estudiantes visitan la Cámara de Comercio.

3 Los estudiantes tienen unos 20 años de edad.

4 Richard, Sandra y Diana llevan cuatro años estudiando Empresariales en Hull.

5 En Inglaterra hay muchísima gente en las aulas.

6 En Inglaterra se hacen más estudios teóricos y menos práctica.

7 Los estudiantes ingleses no salen por la noche.

8 Los estudiantes ingleses opinan que el cierre total a mediodía es un poco incómodo.

9 Los estudiantes ingleses no están acostumbrados al clima atlántico.

10 Los estudiantes ingleses asocian España con la idea del sol.

 Clave

B Entender el vocabulario

 (i) Busca en un diccionario bilingüe el significado de las siguientes palabras y expresiones que aparecen en el texto:

becario	**un tópico**
escondido	**veintena**
anuario	**el paréntesis laboral del mediodía**
convenio	**carrera**
aula	**huésped**
las tapas	**veinteañero**

(ii) "Becario" y "anuario" forman parte de familias de palabras muy interesantes. ¿Hay otras palabras de estas familias en el texto?
Busca otras en un diccionario monolingüe.

Becarios de la Unión Europea amplían estudios de Comercio

Escondidos entre anuarios, informes y estadísticas, en la Cámara de Comercio de La Coruña trabajan habitualmente alrededor de seis estudiantes ingleses y franceses. Becados por la Unión Europea o invitados gracias a convenios entre la institución empresarial y universidades, los jóvenes aprovechan su estancia en la ciudad para hacer prácticas obligatorias en su carrera y mejorar su español.

La Coruña, S.M.Mena
Redacción

Richard, Sandra, Ana y Diana son cuatro de los huéspedes extranjeros que en la actualidad hacen prácticas de estudios en la Cámara de Comercio. Ingleses los cuatro, son parte de la veintena de estudiantes que cada año visitan la institución coruñesa, donde su misión principal es colaborar en los departamentos de importación y exportación, así como en el centro de documentación comunitaria (Cidec), haciendo traducciones, resúmenes e informes.

Pero si como experiencia laboral su estancia en la cámara es valorada como "muy importante para el futuro", los becarios veinteañeros consideran igual de interesante para su formación personal el hecho de poder vivir sumergidos en la cultura española durante períodos que van de un mes a un año, en función del programa al que están adscritos.

Estudiantes de tercero de Empresariales en Hull, Richard, Sandra y Diana llevan viviendo en La Coruña desde octubre, tiempo en el que han acudido a la Universidad y tomado intenso contacto con la vida de la ciudad. "Lo que más nos sorprende en relación a Inglaterra son las clases – aseguran; hay muchísima gente en las aulas, casi no hay sitio. Nosotros estamos acostumbrados a más práctica y menos teoría." "Otra cosa increíble es que aquí casi nadie respeta los semáforos en rojo," señalan alarmados.

Totalmente integrados a la cultura de los vinos, las tapas y la diversión nocturna, apuntan sin embargo que el paréntesis laboral del mediodía "es un poco incómodo, porque no puedes hacer nada; ni siquiera las tiendas están abiertas". Acostumbrados por naturaleza al clima atlántico, reconocen los becados que en este caso no les molestaría que por una vez un tópico como el del "sol español" se hiciera realidad, aunque no pierden la esperanza de bañarse antes del verano en las aguas del Riazor.

Práctica 8 Expresión escrita

A Formular preguntas

Lee otra vez el artículo sobre los estudiantes ingleses en La Coruña.

Ahora trata de formular las preguntas que el periodista hizo para obtener la información del artículo. Sigue las indicaciones que te damos; te ayudarán a formular las preguntas.

- lo que hacen
- propósito
- beneficios para los estudiantes
- lugar donde estudian
- llegada – ¿cuándo?
- impresiones
- comparación con el Reino Unido

! *El periodista habla con un grupo de cuatro estudiantes y por lo tanto utilizará el plural y probablemente "ustedes".*

☑ *Clave*
↑ *o*
si no estás seguro/a.

B Redacción

Intenta escribir las respuestas de los estudiantes a las preguntas del periodista.

Un consejo

Usa el texto como base para construir respuestas cortas a cada pregunta.

☑ *Clave*
↑ *o*
si no estás seguro/a.

Práctica 9 Uso del lenguaje

Formular preguntas

 Grabación suplementaria (al final de la conversación)

Escucha las respuestas de Angeles.

¿Qué preguntas corresponderían a estas respuestas?
Escríbelas.

☑ *Clave*

  o

↑ *si no estás seguro/a.*

Práctica 10 Gramática

A Expresar acciones repetidas en el pasado

! *Para describir acciones repetidas en el pasado, se utiliza el* imperfecto *(= pretérito imperfecto de indicativo). Si no conoces este tiempo verbal, consulta a tu profesor/a.*

En la columna de la izquierda tienes una lista de los infinitivos de los verbos utilizados por Angeles en sus respuestas. En la de la derecha tienes la segunda parte de cada frase.

Escribe las frases completas utilizando el imperfecto del verbo.
(Si quieres, vuelve a escuchar las respuestas de Angeles.)

	Verbos	**Frases**
1	estudiar	Marketing, Economía, Estadística y Contabilidad
2	levantar(se)	a las…
3	coger	el metro para ir al centro
4	empezar	a las nueve
5	terminar	a la una para comer
6	volver	a las tres hasta las cinco

☑ *Clave*

B Uso del tiempo imperfecto

Mira de nuevo el horario de Angeles (Práctica 4).
  Supongamos que tú pasaste el año pasado en España, haciendo ese curso.
  Explica a tu profesor/a lo que hacías cada día.

! *¡Tendrás que utilizar el* tiempo imperfecto!

Ejemplo

El lunes me levantaba a las siete y media porque tenía clase a las nueve. Cogía el autobús y llegaba a la Universidad a las nueve menos cuarto. Iba a la cafetería, donde desayunaba antes de ir a clase. A las nueve tenía clase de…

Sigue con la explicación.

Graba la explicación: así te resultará más fácil consultar después a tu profesor/a.

Práctica 11 Expresión oral

Simulación: entender y dar información

con otro/a estudiante o con tu profesor/a

Estudiante A

Tú eres un/a estudiante español/a haciendo un intercambio en otro país. Necesitas información sobre todo lo que hacen los estudiantes del centro en el que tú estudias.

Horario   Asignaturas
Número de estudiantes en una clase   Métodos de enseñanza

Prepara las preguntas que harás para obtener toda esta información, y habla con el/la *Estudiante B*.

Estudiante B

Tú eres el estudiante de ese país. Un/a estudiante español/a (*Estudiante A*) está de intercambio en tu centro. Quiere saber cómo son los horarios, las asignaturas que se estudian, el número de estudiantes en cada clase y algo sobre los métodos de enseñanza.
  Piensa en las preguntas que te podría hacer, y luego practica esta conversación con el/la *Estudiante A*.

Un consejo

Graba la conversación: así te resultará más fácil consultar después a tu profesor/a.

Ya casi has terminado la unidad sobre *los estudios en la universidad*.

Antes de seguir, vuelve a leer la *información* y los *objetivos* al comienzo de la unidad.

Las últimas prácticas te ayudarán a *ampliar* tus conocimientos de este tema.

Práctica 12 Lectura

A Rellenar un impreso

En esta práctica tienes que rellenar un impreso de solicitud de trabajo. Lee la información sobre María Luisa en el artículo "Codos cum laude" en la página 82 y rellena el impreso con sus datos.

Nombre: Apellidos:

Edad: Lugar de nacimiento:

Lugar de residencia:

Expediente escolar

    EGB (notas):

    COU (notas):

Estudios universitarios

    Universidad _____

            de _____   a _____

    Título:

    Notas:

Estudios post-universitarios:

Aficiones:

! *No intentes ahora entender toda la información del artículo.*
Busca sólo lo que necesitas para rellenar el impreso.

Nota

El sistema de notas en la universidad española es el siguiente:

10	matrícula de honor
9 – 9,9	sobresaliente
7 – 8,9	notable
5 – 6,9	aprobado
bajo 5	suspenso

☑ *Clave*

Codos 'cum laude'

Una granadina saca 25 matrículas de honor en las 25 asignaturas de Derecho

JESÚS ARIAS, **Granada**

Hay expedientes académicos que dan vértigo. Pero el de María Luisa Rodríguez Vozmediano, una granadina de 24 años, es terrorífico: 25 matrículas de honor en las 25 asignaturas que cursó durante sus cinco años de carrera en la Facultad de Derecho. Ni un mísero notable ni un suficiente respingón. Nada. "La verdad es que no me considero una superinteligencia", argumenta con modestia. "Lo mío se basa más en la voluntad, en estudiar mucho". Lo suyo, dicen algunos, son "codos *cum laude*".

Hasta hace un par de días, cuando su expediente saltó a la prensa, María Luisa Rodríguez, natural de Motril, había sobrellevado con paciencia su cruz de empollona desde que se licenció en 1992. "Pero ahora no deja de sonar el teléfono", se queja. Después explica el truco que la ha convertido en la alumna más laureada de la Facultad de Derecho de la Universidad de Granada: "Sobre todo, organizarme y estudiar una media de diez horas diarias". Pero sólo de lunes a viernes. "Los sábados voy a tomar copas, y casi todos los días, por la tarde, salgo con mi novio. Antes, cuando estudiaba la carrera, era más intenso. El resto de la semana no se me veía el pelo".

Lo de su expediente académico no viene de nuevas. Sus notas desde primero de EGB hasta COU tienen como denominador común el sobresaliente. "Para mí estudiar fue siempre algo de la conciencia. Si hacía cualquier cosa sabiendo que tenía que estudiar me daba un remordimiento de conciencia que me moría. Mi madre incluso me convenció para que estudiara menos". Sólo la suspendieron una vez en su vida. "Fue en COU, en Física. El profesor creyó que yo había copiado el examen y me rebajó la nota de un nueve a un cuatro. Yo me moría de rabia". En Derecho pudo resarcirse de aquella

afrenta. "Cuando empecé la carrera yo decía que terminaría siendo presidenta del Gobierno. Pero al final me he decidido por una cosa más modesta".

La brillante licenciada está en paro y ahora prepara unas oposiciones para el Registro de la Propiedad. "Creo que es un trabajo muy organizado y podré tener más tiempo libre". Su horario de trabajo sigue siendo, mientras prepara las oposiciones, tan duro como sus notas. Sesión de estudio desde las ocho de la mañana hasta las tres de la tarde. Una hora para almorzar y luego, de cuatro a nueve, de nuevo ante los libros. Un paseo de un par de horas y regreso a la mesa de camilla hasta las tantas. "Realmente, lo que más odio en este mundo es el flexo. Me encantaría tener un

ático con mucha luz", dice.

Confiesa que, a la hora de hincar los codos, tiene sus manías. "Siempre estudio en voz alta y, cuanto más concentrada estoy, más alto hablo". Echa mano de grandes dosis de café frío, sin azúcar, y de un cronómetro con el que calcula cuánto tiempo tarda en responder a una pregunta.

No tiene vicios, pero sí algunas fobias que ahora, al cabo del tiempo, ha decidido revelar. "Antes, cuando me preguntaban por mis gustos, siempre decía que me encantaba la lectura. Era mentira. No me gusta nada leer. Si a alguien le gusta leer después de tirarse 10 o 12 horas estudiando es que no está muy bien de la cabeza". También detesta la televisión. "Sólo veo los informativos".

El País, 7.4.94

Nota: *respingón* (columna 1, línea 10) equivale a: ni por casualidad

B Entender la terminología

(i)   El texto contiene varios términos relacionados con la enseñanza que son importantes para comprender el sistema educativo español.

matrícula de honor	**asignatura**
carrera	**notable**
sobresaliente	**expediente**
suspender	**cum laude**
EGB	**COU**
oposiciones	

  Utiliza un diccionario para comprobar el significado de estos términos. Anótalos bajo su categoría correspondiente:

Cursos/Exámenes   **Notas**   **Otros**

☑ *Clave*

(ii) María Luisa y el periodista usan otras expresiones relacionadas con los estudios mucho más coloquiales. Algunas también reflejan los sentimientos de María Luisa hacia sus estudios. Las tienes en la Columna A. En la Columna B tienes otras frases con el mismo significado que las frases del texto, pero no aparecen en el mismo orden.

Utiliza el diccionario para comprobar el significado de los términos del texto (Columna A) y después relaciónalos con las frases con el mismo significado de la Columna B.

Columna A	**Columna B**
dar vértigo	no salía de la casa
el truco	marear
sobrellevar su cruz de empollona	soportar el que los demás estudiantes la consideren un poco despectivamente por pasar tanto tiempo estudiando
no se me veía el pelo	la clave
Yo me moría de rabia…	malas costumbres
resarcirse de aquella afrenta	pasar mucho tiempo estudiando
hincar los codos	sacarse la espina
vicios	estudiar con ahinco y determinación
tirarse 10 o 12 horas estudiando	está loco/a
no está bien de la cabeza	no podía soportar la injusticia que se me había hecho

☑ *Clave*

Nota

El *título del artículo* es un juego de palabras. Combina el término académico *"cum laude"* (que significa: con mención especial) con la expresión coloquial *"hincar los codos"* (que significa: estudiar mucho).

Práctica 13 Gramática / Lectura

A Utilizar bien los tiempos verbales

Imagínate que dentro de diez años María Luisa está hablando sobre su vida de estudiante. Escribe 6 u 8 frases describiendo con sus palabras cómo estudiaba en aquella época.

Nota

Puedes tomar las secciones entrecomilladas (" ") del artículo y expresarlas de otro modo.

Recuerda que tendrás que usar el *imperfecto* en la mayoría de las frases.

  Clave
    o
 si no estás seguro/a

B Entender el contenido

Al comienzo del artículo María Luisa dice:

"La verdad es que no me considero una superinteligencia."
y
"Lo mío se basa más en la voluntad, en estudiar mucho."

¿Cómo explicarías tú el éxito de María Luisa?

(i) Lee el texto otra vez y selecciona información sobre:

  1   la rutina diaria de María Luisa

  2   sus métodos de estudio

 (ii) Escribe un breve resumen en tu propio idioma.

Ahora tendrás una perspectiva más clara de las diferencias entre la vida y los estudios universitarios en España y los de tu país.

Unidad 6

ASÍ QUE QUIERES TRABAJAR...
Preparación para el mundo laboral

This unit will help you to understand how training courses for adults are organised in Spain, and the way in which civil servants are recruited.

> This unit will give you practice in:
>
> (i)   asking questions to obtain information
>
> (ii)   strategies for understanding unfamiliar terms
>
> (iii)   understanding and describing procedures specific to Spain

Información

Estás haciendo un trabajo sobre los cursos de formación de adultos en España.

Vas a escuchar una entrevista con una persona que nos explicará algo sobre la organización de estos cursos en España, y cómo se puede obtener un empleo en la administración pública.

Práctica 1 Orientación

A Anticipar lo que se va a oír

A continuación oirás una conversación con una señora que está haciendo un curso de formación vocacional.

En tu opinión, ¿qué temas mencionará cuando hable de su curso? Haz una lista.

B Reconocer preguntas

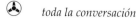 *toda la conversación*

Apunta todas las preguntas que hace Mercedes, la entrevistadora.

¿Corresponden las preguntas de Mercedes a los temas que apuntaste?

¿Quieres añadir algún tema a tu lista?

 Clave
o
si no estás seguro/a.

Práctica 2 Comprensión

A Entender la terminología: oposiciones

 Sección A

Al principio de la conversación Teresa menciona las oposiciones.
De las definiciones que siguen, ¿cuál es la que corresponde al significado de la palabra "oposiciones" tal como la utiliza Teresa?

(a) un curso

(b) un examen

(c) un examen para obtener un empleo

(d) un examen para obtener un empleo en la administración pública

 Clave

B Entender la terminología: acceder / acceso

Cuando habla de las oposiciones, Teresa utiliza la frase "acceder a la administración pública".

 toda la conversación

¿Cuántas veces aparece el verbo "acceder"?

¿Cuántas veces aparece el sustantivo "acceso"?

Transcribe las oraciones en las que aparecen estas palabras.

¿Puedes explicar lo que significan en tus propias palabras?

¿Puedes explicar también el significado de "acceder a la administración pública"?

Si te resulta demasiado difícil explicar todo esto en español, intenta hacerlo en tu propio idioma.

 Clave
o
 si no estás seguro/a

Práctica 3 Uso del lenguaje

A Utilizar bien el diccionario

 Sección A

Mercedes pregunta "¿Hay *asignaturas*?"
En su contestación Teresa utiliza la palabra "*temario*".

Busca estas dos palabras en un diccionario (preferentemente monolingüe) e identifica el sinónimo adecuado de las dos palabras, tal como las utiliza Teresa en la conversación.

Asignatura	**Temario**
tarea	asunto
materia	cuestión
reunión	objeto
cita	propósito
	programa

 Clave
o
 si no estás seguro/a.

B Relacionar ideas

Teresa menciona las tres pruebas que tiene que hacer. Escucha bien lo que dice, y anota la(s) asignatura(s) que corresponde(n) a cada prueba.

Pruebas

1   _____

2   _____ y _____

3   _____

 Clave

C Aclarar el significado

 ¿Cómo se traducen estas asignaturas a tu propio idioma?

Práctica 4 Uso del lenguaje

Entender números

 Sección A

Escucha la última pregunta ("¿Qué estás estudiando?") y la contestación. Completa las oraciones que siguen seleccionando la fecha o el número correcto de temas.

(a)   Teresa está estudiando la Constitución Española de...

... 1987

... 1917

... 1978

... 1908

... 1977

(b)   También está estudiando los Estatutos de Andalucía...

... 5   temas

... 15   temas

... 50   temas

... 25   temas

☑   *Clave*

Práctica 5 Comprensión

Reconocer preguntas

Sección B (la primera pregunta)

Escucha la primera pregunta que hace Mercedes en esta sección e identifica las que significan lo mismo en la lista que sigue:

¿Cuánto tiempo llevas estudiando eso?

¿Qué estás estudiando?

¿Desde cuándo estudias eso?

¿Cuándo estudias?

☑   *Clave*

↑   *o*
si no estás seguro/a.

Práctica 6 Comprensión / Uso del lenguaje

A Entender la terminología

Sección B

Teresa explica lo que significa "INEM".
Escucha su explicación y completa la frase que sigue:

INEM es el _____ _____ _____ _____ , en España.

☑   *Clave*

B Utilizar bien el diccionario

Escucha otra vez la *Sección B* de la conversación.

Teresa habla del curso que está haciendo.

Oirás la expresión "tenemos acceso las personas que estamos…". (Ya la hemos estudiado en la Práctica 2.)

En su respuesta Teresa utiliza también otras palabras relacionadas con la formación vocacional.

Estudia la lista que sigue. Indica las que utiliza Teresa en la conversación. Busca en un diccionario monolingüe el significado de las que no conozcas.

inscrito
antigüedad
desempleo
solicitar
conceder
aprobar

C Utilizar bien el diccionario

Ahora busca los sustantivos que corresponden a los tres verbos en infinitivo.

☑ *Clave*

Práctica 7 Expresión escrita

Dar razones

Sección C

Teresa da las razones por las que decidió hacer este curso.

Anota las razones *positivas* y las razones *negativas*.

☑ *Clave*

Práctica 8 Comprensión

Entender la terminología

Sección C

Teresa habla de lo que más le gusta del curso. Menciona varios términos relacionados con la *informática*.

En el texto que sigue utiliza los términos que utiliza Teresa para rellenar los espacios en blanco.

Los ordenadores no pueden funcionar sin un _____ , que es el software que organiza la gestión de los programas, pasando el programa seleccionado a la memoria en el momento oportuno, así como la gestión de los ficheros. Uno de los programas más utilizados es el _____ , que permite al usuario manipular un texto (previamente tecleado), sometiéndolo a operaciones como suprimir, añadir, reemplazar o desplazar palabras, frases o párrafos enteros. El texto modificado pasa entonces a la impresora. Otro programa muy útil es la _____ , que ofrece la posibilidad de someter una serie de cifras tecleadas por el usuario a manipulaciones aritméticas (sumar, restar, dividir o multiplicar) o realizar con ellas operaciones más complejas (por ejemplo, la creación de gráficos a base de las mismas).

 Clave

Práctica 9 Expresión escrita

Dar opiniones

 toda la conversación

En la última parte de la conversación Teresa dice: "Quisiera trabajar".

Para la cinta cada vez que oigas una indicación de la profesión a la que aspira Teresa, y apunta palabra por palabra lo que dice ella. Después de haber escuchado la conversación entera, escribe dos o tres frases para explicar lo que quiere hacer Teresa, empezando así:

 "Teresa quiere… porque…"

Práctica 10 Expresión oral

Dar explicaciones

Un compañero tuyo está comparando la formación profesional en España con la que existe en tu país. Explícale en español y en tus propias palabras lo que está haciendo Teresa.

Un consejo

 Graba tu explicación: así te resultará más fácil consultar después a tu profesor/a.

Ya casi has terminado la unidad sobre la *formación profesional-vocacional de adultos*.

Antes de hacer la práctica final, vuelve a leer la *información* y los *objetivos* al comienzo de la unidad.

La última práctica te ayudará a *ampliar* tus conocimientos de este tema.

Información

Teresa habla sobre las *oposiciones* como un sistema para obtener empleo en la administración pública: en otras palabras, para llegar a ser funcionario/a. El artículo que sigue en la página 92 da más información sobre este sector de empleo en España.

Nota

El término *"funcionario/a"* cubre una gama de trabajos muy amplia (más amplia que en otros países). Muchos españoles quieren conseguir un puesto de funcionario una vez finalizados sus estudios; hay, por lo tanto, mucha competencia entre los aspirantes a estos puestos.

Práctica 11 Lectura

A Identificar los temas clave

(i)   Lee las preguntas que siguen. Son los encabezamientos de las tres secciones del artículo, pero no están en el orden correcto.

¿Cómo se desarrolla el proceso de selección?

¿Cuáles son las perspectivas actuales y futuras del empleo en el sector público?

¿Qué es una oposición?

Numéralos tal como deberían aparecer en el texto.

(ii)   La introducción al artículo indica *dos* beneficios del trabajo en la Administración Pública. Escríbelos, utilizando las palabras del artículo.

(iii) Lee otra vez la *sección 1* y completa la siguiente definición de *oposiciones*:

Una oposición es ____ ____ de ____ ____ ____ por____ o ____ ____.

☑   *Clave*

B Entender la terminología

Al comienzo de la *sección 2* el artículo utiliza una serie de términos oficiales. A la izquierda tienes una lista de estos términos y a la derecha otras palabras o expresiones con el mismo significado, pero no en el mismo orden.
    Une las frases que tienen el mismo significado.

boletín oficial	impresos con datos personales
oferta de empleo	periódico o gaceta oficial
convocatoria	hacer la petición de un lugar determinado
instancias	puestos de trabajo vacantes
solicitud (de destinos)	anuncio público (por escrito) de los exámenes
nombramiento	empezar a trabajar en un puesto
toma de posesión	designar a una persona para ocupar un puesto de trabajo en un lugar determinado

    Si no estás seguro/a busca estas palabras en un diccionario bilingüe.

☑   *Clave*

LAS OPOSICIONES
como sistema de acceso a la función pública

Las ventajas que ofrece el trabajo en la Administración Pública, entre las que destaca la permanencia en el empleo y las posibilidades de promoción profesional, son conocidas por todos e incuestionables. Sin embargo, la oposición, como sistema de selección de personal habitualmente utilizado, genera inevitables polémicas y exige, por tanto, la clarificación de los siguientes extremos: ¿qué es una oposición?, ¿cómo se desarrolla el proceso de selección?, ¿cuáles son las perspectivas actuales y futuras del empleo en el sector público? y ¿existe objetividad en la prueba?

1

Es un sistema de selección de personal. Cada oposición está constituída por uno o varios exámenes de carácter teórico y/o práctico, que permiten evaluar los conocimientos o aptitudes de los aspirantes y seleccionar a los más idóneos para desempeñar los puestos convocados.

2

Las fases que componen el proceso selectivo, de acuerdo con las normas legales que actualmente regulan esta materia son:

- publicación en el boletín oficial correspondiente de la oferta de empleo público (BOE, DOGC, Gaceta Municipal).

- convocatoria de oposición.

- presentación de instancias.

- lista de admitidos a examen y fecha de inicio de los mismos.

- realización de las pruebas.

- publicación de la lista de aprobados.

- presentación de documentos y solicitud de des-

tinos.

- nombramiento y toma de posesión como funcionario de carrera.

La oferta de empleo público, de carácter anual, contiene las plazas vacantes o de nueva creación que la Administración correspondiente –Estado, Comunidad Autónoma, Administración Local– tiene previsto cubrir a través de las respectivas convocatorias.
En dichas convocatorias se publican los programas, tipos de ejercicios, forma de puntuación, etc. de la oposición, iniciándose el plazo de presentación (20 días normalmente) de instancias o solicitudes para participar en las pruebas. Una vez realizados los exámenes y publicadas las listas de aprobados, los opositores seleccionados deben solicitar, de entre todos los destinos que se ofrecen, aquellos que más les interesen.
El proceso selectivo termina con la toma de posesión, momento a partir del cual se comienza a percibir las retribuciones y a gozar de los derechos y obligaciones inherentes a la condición de funcionario.

3

Uno de los objetivos de la actual política económica española, contemplado en el Plan de Convergencia Europea, es la reducción de los gastos del sector público, especialmente de los denominados gastos sociales –sanidad educación y desempleo– y de personal.
Sin embargo, en la Administración de Justicia y en el ámbito de las Instituciones Penitenciarias se producirán incrementos importantes en las plazas convocadas.

M. Victoria Díaz Fuentes – Jesús Rodríguez Vázquez
Licenciados en Derecho
Jefe de Estudios y Profesor de C.E. ADAMS

L'ensenyament a Barcelona, pág. 30/31
(Tres, S.L.)

C Demostrar lo que se ha aprendido

Escribe en tu propio idioma una breve "Guía de las Oposiciones".
Recurre a la información de la entrevista y a la del artículo.

Ahora tienes una idea más clara de la organización de los cursos de formación profesional-vocacional en España y su relación con el empleo.

PART C
TRABAJAR EN ESPAÑA

ÉSTE ES MI NEGOCIO
Pequeñas empresas

Although Spain has its share of large companies, small businesses still play an important role in all sectors of the economy, and in recent years the Government has tried to increase employment opportunities by encouraging entrepreneurs to create small firms.

In this unit you will find out about two well-established small businesses in different sectors, and about the positive and negative aspects currently associated with running a small business in Spain.

This unit will give you practice in:

(i)   describing different aspects of a business or organisation

(ii)   comparing what happens now with what happened in the past

(iii)   explaining advantages and disadvantages

Información

Esta unidad se basa en una conversación entre Loli Sánchez, que es propietaria de una peluquería, y Encarna, la entrevistadora. Loli habla de su trabajo y de las ventajas e inconvenientes de llevar un pequeño negocio.

Las prácticas que siguen te ayudarán a comprender los principales temas de la conversación.

Práctica 1 Orientación

A Formular preguntas

Lee el texto que sigue y redacta una lista de las preguntas que tú harías para obtener información sobre este negocio y su propietario.

> Mi nombre es Juan López y soy fontanero. Trabajo desde hace 18 años en Málaga. Al principio trabajaba solo, pero ahora tengo dos compañeros. Mi negocio es pequeño, pero tengo bastantes clientes, que en su mayoría viven en mi zona.

 Enseña tu lista a tu profesor/a.

B Reconocer preguntas

    toda la conversación

 Apunta las preguntas que se hacen en la conversación.
¿Hay algunas parecidas a las que hiciste tú en la Práctica 1A?

Práctica 2 Uso del lenguaje

A Actividades y profesiones

    Sección A

Hay varias maneras de describir una actividad o profesión, por ejemplo:

1   tengo una peluquería

2   soy peluquera

3   trabajo de peluquera

4   soy dueña de una peluquería

5   soy propietaria de una peluquería

Escucha con atención esta sección de la conversación.

(a)   ¿Qué frase utiliza Loli para describir su actividad?

(b)   De todas las otras frases, ¿cuáles son las que significan lo mismo que las palabras que utiliza ella en la conversación?

☑   *Clave*

B Profesiones

 Estudia las dos listas de palabras que siguen. Están incompletas.
Completa la tabla utilizando el *ejemplo* como modelo de lo que tienes que hacer.

Persona que ejerce una profesión	Lugar donde se trabaja (normalmente)
Ejemplo	
peluquero/a	peluquería (f)
_____	fontanería
carnicero/a	_____
_____	panadería
_____	librería

carpintero/a   _____

_____   papelería

pescadero/a   _____

☑   *Clave*

Práctica 3 Uso del lenguaje

Simplificar una expresión

Loli dice que su peluquería está "en una zona, pues, que se le puede llamar centro".
¿Qué significa exactamente esto?

(i)   La peluquería está en una zona muy céntrica.

(ii)   La peluquería está en una zona bastante céntrica.

(iii)   La peluquería está en una zona no muy céntrica.

Elige la respuesta correcta.

☑   *Clave*

Práctica 4 Gramática

Duración de una acción

Encarna empieza una de sus preguntas con "¿Desde…?" y cambia de idea.

Encarna   ¿Desde… cuánto tiempo hace que realizas este trabajo?

Loli   Bueno, pues, llevo unos treinta años haciendo esta… profesión.

(i)   Mira de nuevo la pregunta de Encarna, y compárala con el ejemplo:

Ejemplo

Llevo 10 años trabajando de panadero

Hace 10 años que trabajo de panadero   } significan lo mismo.

¿Cómo darías tú la información que da Loli utilizando: "Hace… que…?"

☑   *Clave*

(ii)   Por último vuelve a mirar el comienzo de la pregunta de Encarna, que estaba a
        punto de decir:

¿Desde cuándo realizas…?

Se utiliza este tipo de pregunta para averiguar la hora / la fecha / el año del
comienzo de una actividad. (Supongamos que esta conversación se grabó en el
año 1994.)

¿Cuál sería la respuesta?

☑ *Clave*

Práctica 5 Gramática

Uso de los adjetivos

Sección A

Escucha a Loli. Utiliza dos adjetivos cuando menciona dos aspectos *positivos* de su trabajo. Completa las frases que siguen, utilizando la forma adecuada de cada adjetivo.

Llevo unos treinta años haciendo esta _____ y _____ profesión.

Por lo tanto a Loli le gusta su trabajo porque considera que es _____ y _____.

Loli menciona también dos aspectos *negativos* de su profesión. Siguen dos pequeños resúmenes de lo que dice Loli. Escribe las palabras exactas de Loli que corresponden a cada resumen.

(i)   no poder escaparse de su trabajo

(ii) todas las obligaciones que supone un trabajo de este tipo

☑ *Clave*

Práctica 6 Comprensión

Entender opiniones

Sección A

Loli compara los aspectos positivos y negativos de su trabajo.
Lo que dice puede resumirse así:

Aspectos positivos

Es una profesión bonita y creativa.

Aspectos negativos

Lo negativo de la profesión es la esclavitud y lo que conlleva.

También da una opinión general de su trabajo.
Estudia las frases que siguen y decide cuáles son verdaderas (V) o falsas (F), según lo que dice Loli.

(a)   Loli opina que los aspectos positivos son más importantes que los negativos.

(b)   Loli opina que los aspectos positivos son menos importantes que los negativos.

(c)   Loli opina que los aspectos positivos son tan importantes como los negativos.

☑ *Clave*

Práctica 7 Expresión oral

Formular preguntas

 Sección B

Sigue un resumen de los cuatro temas de este fragmento de la conversación.

- dimensiones de la peluquería

- número de clientes que acuden a la peluquería

- número de empleados que trabajan en ella

- descripción de la clientela

↑ ¿Qué preguntas harías tú para obtener esta información?
Apúntalas y enséñaselas a tu profesor/a.

Práctica 8 Comprensión

A Entender el vocabulario

Sección B

Encarna pregunta a Loli si el *local* donde ella realiza su trabajo es grande.

📖 Vuelve a escuchar la pregunta y la respuesta, y estudia las definiciones de la palabra "local" que tienes a continuación (sacadas del *Diccionario de la Real Academia Española*). Indica la que corresponde al uso que hace Loli de esta palabra.

(adjetivo)

1   Perteneciente al lugar.

2   Perteneciente o relativo a un territorio, comarca o país.

3   Municipal o provincial, por oposición a general o nacional.

4   Que sólo afecta a una parte del cuerpo, anestesia local.

(sustantivo masculino)

5   Sitio cercado o cerrado y cubierto.

☑ *Clave*

B Medidas

Loli contesta que el local "tiene veinti…, veintitantos metros, veinticinco, por ahí".
Indica la frase que significa lo mismo que la que dice Loli.

El local tiene 25 metros de largo.

El local tiene 25 metros de ancho.

El local tiene una superficie de 25 metros cuadrados.

El local tiene una superficie de unos 25 metros cuadrados.

El local tiene un volumen de 25 metros cúbicos.

C Aprender el vocabulario

Sección B

(i)   Loli utiliza la palabra "agobiada". ¿Qué quiere decir Loli con esta palabra?
Apunta su explicación.

☑ *Clave*

🔼 *o
si no estás seguro/a*

Secciones A y B

(ii)   Loli utiliza dos veces el verbo "compensar" para hacer comparaciones, tanto en
la Sección A como en la B.

¿Cuáles son estas comparaciones?

Loli empieza su respuesta con estas palabras:

"Este es un trabajo un poco…"

y no termina la frase.

🔼   En tu opinión, ¿qué adjetivo podría utilizar Loli para terminar la frase, teniendo
en cuenta lo que sigue?

Sección B

(iii)   La palabra "local" se menciona en tres ocasiones en la Sección B de la
conversación.

En contestación a la pregunta de Encarna, Loli describe su local.

Anota las *dos* características principales de su local.

☑ *Clave*

Práctica 9 Gramática

Hacer comparaciones

 con otro/a estudiante, o con tu profesor/a

Estudia estos pequeños anuncios de un periódico de Málaga.

Inmobiliaria Venta – Málaga

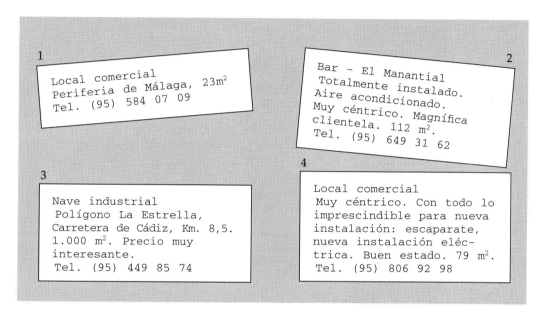

1
Local comercial
Periferia de Málaga, 23m²
Tel. (95) 584 07 09

2
Bar – El Manantial
Totalmente instalado.
Aire acondicionado.
Muy céntrico. Magnífica
clientela. 112 m².
Tel. (95) 649 31 62

3
Nave industrial
 Polígono La Estrella,
Carretera de Cádiz, Km. 8,5.
1.000 m². Precio muy
interesante.
Tel. (95) 449 85 74

4
Local comercial
Muy céntrico. Con todo lo
imprescindible para nueva
instalación: escaparate,
nueva instalación eléc-
trica. Buen estado. 79 m².
Tel. (95) 806 92 98

Con un/a compañero/a, compara estos locales con el de Loli.

Ejemplo

Pregunta: El local número 1, ¿es más grande o más pequeño que el de Loli?

Respuesta: Es más pequeño, porque sólo tiene 23 m².

Pregunta: ¿Es tan céntrico como el de Loli?

Respuesta: No, es menos céntrico, porque está en la periferia de Málaga.

Un consejo

 Graba tu explicación: así te resultará más fácil consultar después a tu profesor/a.

Práctica 10 Expresión oral   ✔

Describir un pequeño negocio

Estudia el cuadro con datos sobre la Peluquería Tijeras.

El/la *estudiante A* hará preguntas sobre la Peluquería Tijeras, utilizando la Columna A como punto de partida.

Utilizando la información de la Columna B el/la *estudiante B* contestará como si fuera el dueño o la dueña de la peluquería.

A	B
Nombre de la peluquería:	Tijeras
Localización:	El Palo, a unos 5 km. del centro de Málaga
Establecida en:	1985
Número de clientes:	Variable según el día, la hora y la época del año
Tipo de clientes:	Personas de 15 a 40 años de edad

Un consejo

Graba tu explicación: así te resultará más fácil consultar después a tu profesor/a.

Práctica 11 Gramática

Comparación

Sección C

En su contestación a la primera pregunta, Loli compara el trabajo que realiza ahora con el que hacía hace unos años.

Escucha la pregunta y la respuesta, y decide lo que corresponde a AHORA y lo que corresponde a ANTES.

productos mejores

productos peores

más clientes

menos clientes

☑ *Clave*

Práctica 12 Uso del lenguaje

A Justificar opiniones

 Sección C

En su contestación Loli da su opinión sobre la evolución de su trabajo en los últimos años. Loli utiliza el subjuntivo para expresar su hipótesis, pero el argumento se puede presentar de otra manera, evitando así el uso del subjuntivo, como en nuestro resumen.

Si hace falta, escucha de nuevo la respuesta de Loli, y completa el resumen de lo que dice con las expresiones adecuadas. (Estas expresiones las tienes después del texto.)

Cuando empecé los productos eran distintos. _____ todo va mucho mejor, porque _____, los productos actuales son mejores, _____ todo sale mucho mejor y _____ es un aumento del número de clientes.

el resultado de todo esto	**ahora**
por consiguiente	**sin lugar a dudas**

 Clave

B Entender opiniones

 Sección C

En su segunda respuesta, Loli da su opinión sobre las formas de promocionar su peluquería. Escucha su contestación y decide cuáles son verdaderas (V) o falsas (F). Loli opina que:

1   la publicidad es la mejor forma de promocionar un negocio.

2   la publicidad no es necesaria.

3   la mejor forma de promocionar un negocio es dar un buen servicio, trabajar bien y tratar bien a los clientes.

4   los clientes mismos promocionan el negocio.

5   a los clientes les gusta la publicidad.

6   hay que hacer mucha publicidad.

 Clave

Ya casi has terminado la unidad sobre *la gestión de un pequeño negocio en España*.

Antes de seguir, vuelve a leer la *información* y los *objetivos* al comienzo de la unidad.

Las últimas prácticas te ayudarán a *ampliar* tus conocimientos de este tema.

Práctica 13 Lectura

En el artículo que sigue un hombre que ha regentado un pequeño negocio de diferente tipo habla sobre su vida y sobre los cambios que ha visto.

A Identificar datos concretos

(i)   Lee lo que dice Carlos de León sobre su propia vida y apunta los sucesos clave que describe.

1931   1944   1947   1955   1958

!   *Algunas de las fechas son aproximadas.*

   Clave

↑   (ii)   Escribe una nota biográfica con cinco oraciones resumiendo los datos que apuntaste en la parte (i).

Carlos de León Lozano, propietario de la Frutería de León

'HAY QUE DEFENDER MÁS LA ZONA CENTRO'

'Mi abuelo llegó a Madrid con ganas de tener su propio negocio. Sus orígenes rurales influyeron en su decisión de abrir una frutería – era uno de los sectores que mejor conocía y además apenas existían entonces fruterías en el centro de Madrid.

Nací en Madrid en la calle Serrano Anguita en el año 1931 y siempre me he movido por esa zona. Al principio, cuando era chico iba de visita a la tienda de mi abuelo. Por aquella época tenía 13 años y según salía del colegio me pasaba por la tienda.

Con 24 años empecé a trabajar en la frutería después de abandonar la carrera de aparejadores porque no ponía todo el interés que debía en el estudio, y ya llevo más de 35 años al frente de mi propio negocio. Y después de todo me he convertido en un madrugador por obligación: de martes a sábado me levanto a las cuatro de la madrugada porque hay que recoger la fruta fresca en Mercamadrid.

A lo largo de este tiempo he visto cómo se transformaba mi zona. La han ido embelleciendo, sin embargo me gustaba más antes, quizá porque soy un tradicional.

Antes era donde se situaba el mejor comercio mientras que en la actualidad existen barrios periféricos con comercios tan buenos o mejores que los del centro.

En mi opinión hay que defender más la zona centro, porque cada vez habita menos gente y muchos comercios han cerrado. Es la zona con mayor número de negocios que se han extinguido, y sin embargo al fin y al cabo es donde acuden todos, nacionales y extranjeros.

Cercanos a mi comercio se encuentran varios grandes centros comerciales, pero para mí eso no supone una fuerte competencia. En frutería y verduras no pueden rivalizar con las pequeñas tiendas – en los comercios de barrio si el cliente quiere peras maduras las consigue, y si las prefiere duras pues se le dan peras duras.

Han cambiado también los gustos de los madrileños. Antes sólo se trabajaba la fruta de temporada, que duraba dos o tres meses. Ahora se puede comprar cualquier variedad durante todo el año. El público quiere cada vez más frutas nuevas, como las tropicales, sin embargo en general sigue prefiriendo la fruta española, no hay comparación.'

B Entender el contenido

En la segunda mitad del artículo Carlos de León compara Madrid y el negocio de la fruta – como eran cuando él empezó y tal como son ahora.

Lee las afirmaciones siguientes y decide si son verdaderas (V) o falsas (F) según la opinión de Carlos de León.

1   Le gusta el centro de Madrid más como está ahora.

2   Ahora hay menos negocios en el centro de Madrid.

3   Más negocios han cerrado en las afueras que en el centro.

4   Teme la competencia de las grandes cadenas.

5   En este tipo de pequeño negocio las tiendas pueden competir con los grandes almacenes (supermercados).

6   Los gustos de los madrileños han cambiado con los años.

7   Ahora prefieren frutas exóticas a los productos españoles.

 Clave

Algunos de los temas que Loli Sánchez y Carlos de León tocan cuando hablan sobre su experiencia al frente de un pequeño negocio son los mismos.

Mira la tabla de abajo y decide quién menciona estos temas.

	Loli Sánchez	**Carlos de León**
Cambios en la ciudad		
Cambios en los productos o materiales		
Formas de atraer a los clientes		

Aunque ambos hablan sobre formas de atraer a los clientes, se expresan de distinto modo. Localiza en la cinta y en el texto sus palabras y anótalas.

 Clave

Práctica 14 Expresión escrita ✓

Formular preguntas

Lee otra vez todo el artículo y trata de escribir las preguntas que el periodista le hizo a Carlos de León con el fin de obtener la información contenida en el artículo.

 Clave
o
 si no estás seguro/a.

Práctica 15 Expresión escrita

Redactar una carta personal

Acabas de pasar seis meses trabajando en una empresa en tu país o en España.

Un/a amigo/a español/a va a trabajar en la misma empresa. Decides mandarle una carta dándole la información que necesitará.

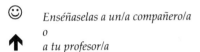 (i)   Busca un ejemplo de carta personal en español (por ejemplo, en el *Collins Spanish Dictionary* o el *Oxford Spanish Dictionary*).

¿Qué diferencias observas entre la presentación de una carta personal en español y la que redactarías en tu propio idioma?

Apunta tus observaciones.

☺ *Enséñaselas a un/a compañero/a*

↑ *o*
a tu profesor/a

(ii)   Redacta una carta en español en la que le darás una descripción de la empresa:

su nombre	**su localización**	**su(s) local(es)**
su clientela	**sus empleados**	**su propietario/a**
	etc.	

↑ Utiliza los temas de la conversación y del artículo como base.

Ahora entenderás mejor cómo funciona la pequeña empresa en España, y podrás describir y comparar aspectos de organizaciones en ámbitos distintos.

Unidad 1

Práctica 1

(a)	V	(c)	V	(e)	F
(b)	F	(d)	F	(f)	F

Práctica 2

A Ramón: colegio mayor   Janine: piso

B No: hall of residence

C No

D

tienes que	=	te exigen
pasar un año entero	=	quedarte allí durante todo el curso escolar
hay que	=	te exigen
tener nacionalidad española	=	ser español

Práctica 3

A lo que más le conviene es buscar un piso con sus compañeros...

B apropiado

Práctica 4

A buscar en los periódicos

ver los anuncios que la gente pone en la universidad

ir al TIVE, que es un instituto de la juventud

B Transporte Internacional para Viajes de Estudiantes

Práctica 5

A

(a)	apto.	(f)	renfe y bus	(j)	ext.
(b)	dorm.	(g)	c/c	(k)	port físico
(c)	c/	(h)	incl.	(l)	c/i
(d)	tel	(i)	int.	(m)	hab.
(e)	wc. completo				

B

1	semiamueblado	6	fianza
2	gastos comunidad	7	aval bancario
3	estudio	8	solventes *o* imprescindible solvencia
4	nómina		
5	gastos incluidos	9	puerta acorazada

Práctica 7

1   Pues, que encuentre un alojamiento temporal.

2   Un alojamiento temporal que sea barato.

3   Y que no espere encontrar algo en seguida...

4   Que se de cuenta que quizás puede tardar mucho tiempo...

5   Sí, que tenga paciencia...

Práctica 8

A

f	c	e	g	a	b	j	h	d	i
l	o	m	k	q	s	n	r	p	

Práctica 10

A

- la información que debe contener un contrato   (3)
- lo que hace válido un contrato   (1)
- información adicional que un contrato puede contener   (4)
- en qué consiste un contrato y dónde obtenerlo   (2)

B

(i)   Son preferibles los contratos por escrito.

(ii)   1 Se puede obtener un impreso para contrato donde se compra tabaco

2 Por el impreso pagas de acuerdo con el precio del alquiler

3 El contrato lo guardan ambos

(iii)   fecha del contrato

precio del alquiler (arrendamiento)

forma de pago

firmas

(iv)   cláusula adicional

Unidad 2

Práctica 2

A

1   cómo se busca un médico

2   lo que tendrás que hacer cuando llegues a España

3   cómo se concierta una cita con un médico

4   lo que hay que pagar por la asistencia médica en España

5   lo que hay que hacer en casos de urgencia

6   la documentación que los extranjeros tienen que llevar a España para obtener asistencia médica

B

(i)   1 ¿hay centros médicos en las universidades españolas?

      los médicos de cabecera ¿están generalmente cerca de donde tú vives?

    2 ¿lo primero que hay que hacer es ir al médico de cabecera?

    4 ¿toda esta asistencia es gratuita? ¿o hay que pagar?

      ¿los estudiantes también tienen que pagar por medicamentos?

    5 ¿Qué pasa si hay una urgencia? ¿Qué hay que hacer?

(ii)   Las temas que sobran son:

    3 cómo se concierta una cita con un médico.

    6 la documentación que los extranjeros tienen que llevar a España para obtener asistencia médica

Práctica 3

1   ¿Hay centros médicos en las universidades españolas?

2   En el centro donde estudiamos nosotros no existe un centro médico.

3   Se puede encontrar un centro donde se puede acudir.

4   Normalmente en España cada barrio tiene lo que se denomina un ambulatorio.

Práctica 4

a   Lo que hay que hacer inmediatamente es... darse de alta con un médico de cabecera.

b   Lo que se debe hacer es... buscar un médico de cabecera.

c   Dentro de la Seguridad Social en España es... un paso que hay que dar.

d   Si te tienes que poner... algún tipo de inyección.

Práctica 5

1   Mi primera pregunta es... ¿hay centros médicos en las universidades españolas?

2   Entonces... lo que hay que hacer inmediatamente es ¿darse de alta con un médico de cabecera?

3   Entonces, lo primero que hay que hacer es... ir al médico de cabecera.

Práctica 6

A   a   No   b   No   c   Sí

B   1 recetar medicamentos   2 remitirte a un especialista

Práctica 7

a   V   c   F   e   V

b   V   d   F   f   F

Práctica 8

A

1   Se va por la mañana a recoger un pase.

2   El pase se recoge normalmente desde las ocho hasta las diez de la mañana.

3   El médico te ve luego, por la tarde.

4   Las citas con el médico son de doce a dos, o de una a tres.

B
El pase es *un papelito* que tiene *un número* que sirve para *ordenar las visitas de los médicos* y para *dar un orden cuando el médico de cabecera va a verte*.

Práctica 9

Si *se necesita* asistencia médica en España, generalmente *se tiene que ir* primero a un ambulatorio, o centro de salud. Normalmente *se va* por la mañana, *se recoge* un pase, que da una prioridad, un orden y sirve para ordenar las visitas de los médicos. Entonces, según el número que figura en el pase, *se acude* al médico de doce a dos, o de una a tres. *Se tiene que presentar uno* o *hay que presentarse* y *se entra*, por ejemplo, a la una y cuarto, a la una y media – es decir, a la hora que corresponda al número del pase.

Práctica 10

persona que posee título para el ejercicio de la cirugía menor

Práctica 11

1   G   3   G   5   P

2   G   4   P   6   G

Práctica 12

1   En cualquier ambulatorio público *se puede* acudir para la asistencia gratuita.

2   Normalmente lo mejor... lo que *se podía* hacer es volver al país.

3   *Se puede* llamar al número de urgencia.

4   Hay como tres números distintos, *a los que se puede llamar.*

Práctica 14

A

la cabeza	(1)	la garganta	(5)	el estómago	(9)	las piernas	(12)
el vientre	(10)	la espalda	(7)	las muelas	(4)	el oído	(2)
el brazo	(8)	el cuello	(3)	los pies	(13)	el pecho	(6)

Práctica 15

A

1	H	4	A	7	H
2	A/F	5	A	8	H/F
3	F	6	F/A		

B

1   Me duele mucho el vientre desde hace varios días. Temo que sea una apendicitis.

2   Estoy acatarrado/a y me duele la garganta.

3   Anoche me emborraché con mis amigos y hoy me duele la cabeza.

4   Hace dos días me corté el dedo con un cuchillo, y parece que la herida se está infectando.

5   Me ha picado un mosquito, y se me ha hinchado el brazo.

6   Esta mañana me picó una avispa, y la picadura me molesta un poco.

7   Me ha atropellado un coche. Me golpeé la cabeza con el parachoques del coche, y ahora tengo un dolor de cabeza muy fuerte.

8   Pasé toda la tarde en la playa, y el sol me ha quemado.

Práctica 17

1   infecciones buco-faríngeas (boca y garganta)

2   1 comprimido cada 2 horas

3   la mujer (embarazada)

4   sin receta médica

Práctica 18

Clase de picadura	Síntomas	Qué hacer inmediatamente	Qué hacer si persiste
avispa	dolor local, hinchazón, enrojecimiento	limpiar y desinfectar zona afectada, extraer el aguijón, aplicar compresas finas	aplicar antiinflamatorios, acudir a un Centro de Salud
raya	dolor, inflamación, edema, vómitos vértigo, calambres, cefalea	limpiar con antiséptico, retirar el aguijón, sumergir la zona en agua caliente, tomar analgésicos y antiinflamatorios	(acudir a un Centro de Salud)
medusa	dolor, picor, inflamación, vesículas, angustia, cojuntivitis, dificultad respiratoria	inmovilizar zona afectada, poner compresas calientes y pomadas antiinflamatorias y analgésicas	(revisión médica)

Unidad 3

Práctica 1

B

1   ¿A qué se dedican los estudiantes españoles cuando tienen el tiempo libre y no están estudiando?

2   ¿Acuden los estudiantes al teatro?

3   ¿Es fácil hacer amigos?

4   ¿Es así también en España?

5   ¿Qué es una barra libre?

6   Y ¿qué pasa, por ejemplo, en la cuestión deportiva?

7   ¿Hay equipos universitarios de todo tipo de deportes o...?

8   ¿Qué pasa, por ejemplo, si tienes otro tipo de afición, como ajedrez o fotografía?

9   ¿Es fácil reunirse con más gente en la universidad?

10   Pero, ¿pasan tiempo a solas también?

11   Por ejemplo, ¿les gusta a los estudiantes españoles ver mucho la televisión?

   ¿Oír la radio? ¿O leer periódicos?

12   Y entonces, ¿creéis que los estudiantes españoles viven un poco más de puertas afuera?

Práctica 2

Sociales	Culturales	Deportivas	Aficiones	Otras
socializar	acudir/ir al teatro	rugby	ajedrez	ver la televisión
tomar(te) un café	ir a los museos	fútbol	fotografía	oír la radio
ir a un bar	conocer la cultura española	fútbol americano		leer periódicos
bailar	conciertos	hacer el montañismo		salir al cine
charlar				
ir a una				
discoteca				
hablar				
divertirse				
bailar				
pasarlo				
bien				
fiestas				

Práctica 4

1   ...lo que les interesa es ...

2   ...nos caracterizamos por ser ...

3   ...no nos cuesta socializar ...

4   ...puede pasarlo bien ...

5   ...puede encontrar mucha diversión ...

Práctica 5

complicadas	sencillas
bastante pesadas	divertidas
odiosas	amables
cerradas	abiertas

Práctica 6

...porque le hace pensar en las diferencias entre los cafés en Gran Bretaña y España
...porque la vida cultural e intelectual es muy distinta en España

Práctica 7

	Cafés	Bares	Discotecas
pasarlo bien	X	X	X
conocer amigos	X		
tomarte un café	X		
socializar	X		
beber		X	
charlar	X		X
divertirse	X	X	X
bailar			X

Práctica 8

(a)   Los estudiantes extranjeros van mucho más que los españoles.

(b)   La gente extranjera aprovecha más el ir al teatro.

1   Los españoles van menos al teatro que los estudiantes extranjeros.

2   Los españoles aprovechan menos ir al teatro que los extranjeros.

3   Los españoles utilizan menos la cultura española que los extranjeros.

Práctica 9

La gente extranjera va más al teatro.

Práctica 11

(i)   ...hacer amigos es fácil   (5)

      ...conseguir una amistad seria es bastante difícil   (3)

      ...salir una noche y pasarlo bien es muy fácil /sencillo   (6)

(ii) En España hacer amigos es fácil, mientras que conseguir una amistad seria es
      difícil. Sin embargo, salir una noche y pasarlo bien es realmente sencillo.

Práctica 13

1   (b)   2   (d)   3   (a)   4   (c)

Generalmente estas fiestas se organizan para que toda la gente en esta facultad se
conozca, *o bien que* gente de fuera pueda entrar a conocer a estas personas, *así que* es
una oportunidad estupenda para conocer a gente que estudia cosas diferentes que tú, y
además por un módico precio de 1.500 pesetas tienes una barra libre durante casi toda la
noche y lo pasas muy bien.

Práctica 14

Primero llegas a una discoteca o a la facultad donde se haga la fiesta. *Antes de entrar* pagas mil quinientas pesetas en la puerta, *y cuando hayas pagado la entrada* te ponen un sello en la mano. *Luego entras y* puedes beber todo lo que quieras, y *en fin* puedes seguir bebiendo hasta el final de la fiesta.

Práctica 15

...para hacer amigos rápida y sencillamente   ...para pasarlo bien

Práctica 17

el tenis	CLUB EL CANDADO DE TENIS	
	Urb. Candado s/n	29 0547
	CLUB LEISURE SPORT	
	Estepona, Ctra. Cádiz Km. 168 Urb.	78 40 87
	Benamara	
el voleibol	FEDERACION MALAGUEÑA VOLEIBOL	
	Av. J. Benavente, s/n	26 3247
el karate	FEDERACION MALAGUEÑA DE KARATE	
	Av. J. Benavente, s/n	26 3248
el golf	CLUB DE GOLF VALDERRAMA	
	11310 Sotogrande, Ctra. Cádiz-Málaga, Km. 132	79 27 50
	ALOHA GOLF CLUB	
	Urb. Aloha Golf, s/n	81 2389

Práctica 18

	ACTIVIDADES			
	a solas		sociables	
	en casa	fuera	en casa	fuera
ver la televisión	X		X	
oír la radio	X			
leer periódicos	X			
ir al campo				X
ir a los pueblos		X		X
salir al cine			X	X
ver la ciudad				X
estar con la familia			X	

Unidad 4

Práctica 1

B

1 Los estudios que cursa Isabel

2 Asignaturas que estudia

3 Su horario

4 Sus estudios previos

5 Estudios posteriores

6 Sus ambiciones

Práctica 2

Nombre: Isabel   Apellido: Méndez

Curso: COU

Asignaturas

1	Lengua	5	Historia
2	Filosofía	6	Arte
3	Inglés	7	Matemáticas
4	Literatura	8 & 9	....

Práctica 3

A

1   Ella dice: Curso Orientativo para la Universidad.
estrictamente: Curso de Orientación Universitaria (COU)

2   (a)   Ciencias

(b)   Letras (Isabel)

B (b)   Algunas asignaturas son obligatorias, pero otras son optativas.
(Todas las demás frases son falsas.)

C   "asignaturas comunes"   asignaturas obligatorias
"(asignaturas) optativas"   las que tú eliges

D						
Matemáticas	O	(Isabel)	Francés	O		
Literatura	O	(Isabel)	Arte	O	(Isabel)	
Lengua	C	(Isabel)	Griego	O		
Filosofía	C	(Isabel)	Latín	O		
Inglés	C	(Isabel)	Historia	O	(Isabel)	

Práctica 5

(i)

Isabel: Pues, en COU *tenemos* todos el mismo número de *horas* aunque en este Instituto particularmente no todos tenemos, o sea no todos *empezamos* a la misma hora. Yo, por ejemplo, tengo de – *empiezo* cuatro días a las *ocho y media* y *acabo* a la *una y media*, o sea *tengo cinco* horas, menos el *jueves*, que *tengo* de *ocho y media* a *dos y media*, seis horas.

Concha: Y ¿tenéis *seis* horas de clase seguidas, o tenéis un *descanso*?

Isabel: Tenemos – las clases son de *cincuenta y cinco* minutos cada una y van: son *tres* clases, el recreo que dura *media hora*, y otras *tres* clases.

(ii)

55 minutos	media hora	26 clases	26 horas

Práctica 6

	LUNES	MARTES	MIERCOLES	JUEVES	VIERNES
08.30 – 09.25	Matemáticas	Inglés	Arte	Lengua	Historia
09.25 – 10.20	Literatura	Lengua	Literatura	Filosofía	Filosofía
10.20 – 11.15	Arte	Matemáticas	Lengua	Inglés	Matemáticas
11.45 – 12.40	Filosofía	Historia	Inglés	Literatura	Lengua
12.40 – 13.35	Historia	Filosofía	Arte	Historia	Literatura
13.35 – 14.30				Arte	

Práctica 7

Clase de centro	Nombre de los cursos	Duración	Título/ certificado/examen
Guardería	—	—	—
Escuela primaria	EGB	8 años	Graduado escolar
Instituto	BUP	3 años	—
Instituto	COU	1 año	(COU)
Instituto	—	(1 mes)	selectividad (examen)

Práctica 8

A

1   Isabel quiere estudiar *periodismo*

2   Isabel quiere ser *periodista*

B

Columna A	Columna B
1 periodismo	*periodista*
2 *fútbol*	futbolista
3 *ciencia*	científico/a
4 biología	*biólogo/a*
5 física	*físico/a*
6 *química*	químico/a
7 fotografía	*fotógrafo/a*
8 *historia*	historiador/a
9 medicina	*médico/a*
10 *arte*	artista

Práctica 9

Digamos que desde siempre porque siempre me (1) *ha gustado* mucho (2) *escribir* y ya siempre lo (3) *tenía* como sueño, ¿no? (4) *Voy* a ser periodista, no sé qué, pero ahora ya cuando más (5) *me acerco* de verdad a la elección de una carrera, pues ya (6) *tengo* que (7) *empezár*melo a (8) *plantear* más seriamente, y veo que sí, que yo, de lo que mi opción me (9) *permite* (10) *estudiar*, (11) *creo* que es lo que más me (12) *gusta*.

Práctica 11

A

contacto con los profesores	4
estudiantes de muchas clases / edades	3
duración de la carrera / subdivisiones del curso y su relación a los exámenes	6
asistencia a clases	1
fiestas	7
exámenes	5
masificación	2

B

1	c)	3	a)	5	d)
2	e)	4	b)		

C

	Instituto	Universidad
asistencia a clase	*se controla mucho; no puedes pasar mucho tiempo sin ir a clase porque los profesores se fijarán*	no se controla; puedes pasar mucho tiempo sin ir a clase y los profesores no se fijarán
número de alumnos en cada clase	30 – 40 personas (como mucho)	como mínimo 150 por lo general
turnos de clase	*no hay turnos de clase*	hay turnos de clase (mañana y tarde)
edad y procedencia de los alumnos	los alumnos son de la misma edad y viven cerca	gente de todas las edades, vienen de los pueblos o de otras ciudades
relaciones con los profesores	*hay mucho más contacto entre alumnos y profesores*	no hay mucho trato aparte los horarios de tutorías
exámenes:	*menos difíciles*	mayor temario y dificultad
sistema antiguo		divididos en exámenes parciales aprobar una asignatura por partes
	exámenes cada año	
nuevo sistema		un examen en cada asignatura al final de cada cuatrimestre
fiestas	*el día del santo patrón no se organiza fiesta*	el día del patrón de la facultad los estudiantes organizan una fiesta

Práctica 12

Carta (1 – 5)	Categoría (a – m)
1	(h)
2	(i)
3	(a)
4	(k)
5	(d)

Unidad 5

Práctica 1

B

¿Cómo te llamas?

¿Qué estudiabas en España?

¿Cómo son los horarios?

¿Y luego, tiempo para comer?

¿Cuántos estudiantes hay en una clase?

¿Puedes decirnos algo sobre los métodos de enseñanza?

¿De idioma?

¿El resto es más hacerlo en casa, por ejemplo?

Práctica 2

1   asignaturas estudiadas

2   nombre del curso

3   horario

4   número de estudiantes

5   métodos de enseñanza

6   lugar de estudio

Práctica 3

Nombre	Ángeles
Apellido(s)	Arnedo
Asignaturas estudiadas	
Marketing	Estadística
Contabilidad	Organización de Empresas

Práctica 4

1   V   2   F   3   F   4   V

Práctica 5

2   Lección pública

Práctica 6

A

	España		Gran Bretaña	
	más	**menos**	**más**	**menos**
Conferencia	√			√
Seminario		nunca	√	
Trabajo personal				
– en casa	√			
– en la biblioteca			√	

Práctica 7

A

1	V	4	F	7	F	10	V
2	V	5	F	8	V		
3	V	6	F	9	F		

Práctica 8

A

¿Qué hacen aquí en la Coruña?

¿Qué finalidad tienen estas prácticas?

¿Qué beneficios les reportan estas prácticas?

¿Dónde estudian su carrera?

¿Cuándo llegaron a la Coruña?

¿Qué impresiones tienen de su estancia en la Coruña?

¿Y en relación con el Reino Unido?

Nota

Tus preguntas no tienen por qué ser iguales, pero pueden ser correctas.

B

Hacemos prácticas de estudio en la Cámara de Comercio.

Son prácticas obligatorias en nuestra carrera, son una experiencia laboral muy importante para nuestro futuro y además mejoramos nuestro español.

Aparte de los laborales, la experiencia laboral, vemos los beneficios también en nuestra formación personal ya que vivimos sumergidos en la cultura española.

En Hull (somos estudiantes de tercero de Empresariales).

Llegamos en octubre.

Nos gusta mucho la cultura de los vinos y las tapas y la diversión nocturna pero algo que nos resulta increíble es que nadie respeta los semáforos.

Aquí hay más alumnos por aula y más teoría que práctica.

Nota

Estas son respuestas que sugerimos, basadas en las preguntas que hemos dado para 8A. Las tuyas estarán probablemente expresadas de otra forma.

Práctica 9

Hola, ¿cómo te llamas?

¿Has estudiado en España alguna vez?

¿Qué estudiabas allí?

¿Qué hacías durante la semana?

¿Hacías esto de lunes a viernes?

En tu tiempo libre, ¿qué hacías?

Práctica 10

A

1   Estudiaba Marketing, Economía, Estadística y Contabilidad.

2   Durante la semana me levantaba.

3   Cogía el metro para ir al centro.

4   Normalmente las clases empezaban a las nueve

5   Terminábamos... a la una para comer.

6   Volvíamos a las tres, hasta las cinco.

Práctica 12

A

María Luisa   Rodríguez Vozmediano

24 años   Motril

Granada

EGB   sobresaliente

COU   sobresaliente

Universidad de Granada, de 1987 a 1992

   Licenciada en Derecho

   sobresaliente

Oposiciones para el Registro de la Propiedad

No habla mucho de sus *aficiones*:

quizás: tomar copas los sábados, y salir con su novio

B

(i)

Cursos/Exámenes	Notas	Otros
EGB	matrícula de honor	carrera
COU	sobresaliente	asignatura
oposiciones	(suspender)	expediente
	notable	
	cum laude	

(ii)

dar vértigo	marear
el truco	la clave
sobrellevar su cruz de empollona	soportar el que los demás estudiantes la consideren un poco despectivamente por pasar tanto tiempo estudiando
no se me veía el pelo	no salía de la casa
Yo me moría de rabia...	no podía soportar la injusticia que se me había hecho
resarcirse de aquella afrenta	sacarse la espina
hincar los codos	estudiar con ahinco y determinación
vicios	malas costumbres
tirarse 10 o 12 horas estudiando	pasar mucho tiempo estudiando
no está bien de la cabeza	está loco/a

Práctica 13

A

Yo no me considerabla una superinteligencia.

Lo mío se basaba más en la voluntad, en estudiar mucho.

Me organizaba y estudiaba una media de diez horas diarias de lunes a viernes.

Iba a tomar copas los fines de semana.

Cuando preparaba oposiciones salía por las tardes con mi novio pero cuando estudiaba la carrera no se me veía el pelo durante la semana.

Estudiar para mí era algo de conciencia.

Sólo me suspendieron una vez y fue en COU, en Física. Yo me moría de rabia porque el profesor creyó que me había copiado y me rebajó la nota.

Estudiaba siempre en voz alta y lo que más odiaba era el flexo (=lámpara de mesa con brazo *flexible*).

Unidad 6

Práctica 1

B

¿Cómo te llamas?

¿Qué haces ahora?

Puedes explicar un poco, ¿qué son las oposiciones?

¿Hay asignaturas?

¿Qué... qué estás estudiando?

¿Cuánto tiempo hace que estás estudiando?

¿Qué significa INEM?

Y ¿cómo te enteraste de este curso?

Y ¿por qué decidiste estudiar esto?

¿Qué es lo que más te gusta de este curso? (¿Qué es lo más útil?)

Y ¿qué esperas hacer después?

Práctica 2

A   (d)

B   Es una forma de poder acceder a la administración pública tenemos acceso las personas que estamos inscritas en el centro, por desempleo... entonces accedí al curso

Práctica 3

A	**Asignatura**	Materia	**Temario**	Programa

B   **Pruebas**

1   mecanografía

2   cálculo y ortografía

3   informática

Práctica 4

(a)   1978   (b)   15 temas

Práctica 5

¿Cuánto tiempo llevas estudiando eso?

¿Desde cuándo estudias eso?

Práctica 6

A   Instituto Nacional de Empleo

B   inscrito

antigüedad

desempleo   **C**

solicitar   solicitud

conceder   concesión

aprobar   aprobado

Práctica 7

Razones positivas

es lo que le gusta
(especialmente la contabilidad)

Razones negativas

no tenía otra oportunidad

se lo ofrecían

no pudo elegir otra cosa

Práctica 8

sistema operativo

procesador de texto

hoja de cálculo

Práctica 11

A

(i)   2   ¿Cómo se desarrolla el proceso de selección?

3   ¿Cuáles son las perspectivas actuales y futuras del empleo en el sector público?

1   ¿Qué es una oposición?

(ii)   1   permanencia en el empleo

2   posibilidades de promoción profesional

(iii)   Una oposición es un sistema de selección de personal por uno o varios exámenes.

B

boletín oficial	periódico o gaceta oficial
oferta de empleo	puestos de trabajo vacantes
convocatoria	anuncio público (por escrito) de los exámenes
instancias	impresos con datos personales
solicitud (de destinos)	hacer la petición de un lugar determinado
nombramiento	designar a una persona para ocupar un puesto de trabajo en un lugar determinado
toma de posesión	empezar a trabajar en un puesto

Unidad 7

Práctica 2

A   (a)   1   (b)   4, 5

B

fontanero/a	fontanería
carnicero/a	carnicería
panadero/a	panadería
librero/a	librería
carpintero/a	carpintería
papelero/a	papelería
pescadero/a	pescadería

Práctica 3   (ii)

Práctica 4

(i)   Hace treinta años que hago esta profesión.

(ii)   Realizo esta profesión desde 1964.

Práctica 5

bonita   creativa

bonito   creativo

(i)   la esclavitud

(ii)   lo que conlleva un trabajo de este tipo

Práctica 6

(a)   F   (b)   F   (c)   V

Práctica 8

A   5

B   El local tiene una superficie de unos 25 metros cuadrados.

C   (i)   Tengo mucho trabajo.

          (iii)   (a)   25 metros cuadrados   (b)   bien – ni pequeño ni grande

Práctica 11

productos mejores   AHORA

productos peores   ANTES

más clientes	AHORA
menos clientes	ANTES

Práctica 12

A

Cuando empecé los productos eran distintos. *Ahora* todo va mucho mejor, porque *sin lugar a dudas*, los productos actuales son mejores, *por consiguiente* todo sale mucho mejor y *el resultado de todo esto* es un aumento del número de clientes.

B

1	F	3	V	5	F
2	V	4	V	6	F

Práctica 13

A

1931	Nació en Madrid.
1944	Empezó a visitar la tienda de su abuelo.
1947	Empezó sus estudios.
1955	Empezó a trabajar en la frutería.
1958	Jefe del negocio

B

1	F	4	F	6	V
2	V	5	V	7	F
3	F				

	Loli Sánchez	Carlos de León
Cambios en la ciudad		X
Cambios en los productos o materiales	X	X
Formas de atraer a los clientes	X	X

Loli Sánchez — "dar un buen servicio y hacer un buen trabajo y un trato humano bueno"

Carlos de León — "si el cliente quiere peras maduras las consigue, y si las prefiere duras pues se le dan peras duras"

Práctica 14

¿Quién empezó el negocio en su familia? y ¿por qué una frutería?

Y usted, ¿es de Madrid?

¿Cuándo empezó a interesarse por la frutería?

¿Ha trabajado Vd. siempre en este negocio?

¿Hay algún inconveniente / desventaja?

¿Qué cambios ha visto en su zona, o en Madrid en general?

¿Cuál es su opinión de estos cambios?

El pequeño comerciante ¿cómo puede competir con los grandes comercios?

¿Han cambiado mucho los gustos de los madrileños?